はじめての建築学——建築・環境共生デザイン基礎編

環境・設備から考える建築デザイン

建築学教育研究会 編

遠藤智行＋大塚雅之＋高橋健彦＋山口温 著

鹿島出版会

まえがき

本書は「建築を知る——はじめての建築学」の姉妹編として企画された、建築環境・設備分野を学ぼうとする学生向けに書かれた1冊です。平易な言葉と簡潔な構成で、建築学を学ぶための入門書として出版された「建築を知る」は、幸いにも全国の大学や高専、短大、専門学校などで、広く教科書として採用されています。

この本は「建築を知る」を読み終え、建築学を学ぶ入口に立った学生が、様々な専門分野へと進んでいくための分野別ガイドブックの一編として生まれました。すでに建築デザイン基礎編「住宅をデザインする」、建築構造力学基礎編「建築にはたらく力のしくみ」の2冊が出版されており、ともに好評を博しています。

今日、自然環境と人間社会との良好な共生関係を考えていくことは、これからの都市と建築を考える上で欠かせない、重要なテーマの一つとなっています。「建築・環境共生デザイン基礎編」と名付けられた本書は、単に建築設備工学分野の解説にとどまらず、都市環境や地球環境へ配慮しつつ、省エネルギー対策と室内環境の快適さを両立させた建物をつくるためには何が必要なのかを、豊富な実例を挙げながら、わかりやすく示しています。

本書の冒頭では、古今東西の環境建築や省エネ概念の紹介を通じて、快適かつ環境に優しい建築デザインのあり方を概観します。続く各章では「空気・熱環境」「光・音環境」「水環境」「電気環境」の四つの視点から環境・設備分野を説明していきます。地球温暖化からシックハウス、太陽エネルギーから騒音防止、飲み水の安全からトイレの節水化、避雷針から太陽光発電まで、新聞やテレビでしばしば耳にするキーワードがきめ細かく網羅され、建築・環境共生デザインを、様々な視点から楽しみつつ学習できるように配慮されています。

本書の活用によって、建築学を学ぶ初学者の興味と視野が広がり、その学修がいっそう充実していくことを祈念しています。

2014年7月

建築学教育研究会代表　黒田泰介

目次

序

建築における環境・設備の役割

地球環境問題が顕在化する中、我が国ではその原因となる温室効果ガスCO_2の排出量の多さでは、中国、アメリカ、EU（欧州連合）、インド、ロシアに次ぐ世界第6位で、業種別割合では住宅や一般ビルの建設、それら冷暖房設備の消費エネルギーによるものが全体の約30%を占めています。そのため、CO_2排出量を削減し、地球環境に配慮した建物をデザインすることが私たちの使命でもあり、それを実現するために環境・設備技術は重要な役割を果たしています[図1.1]。

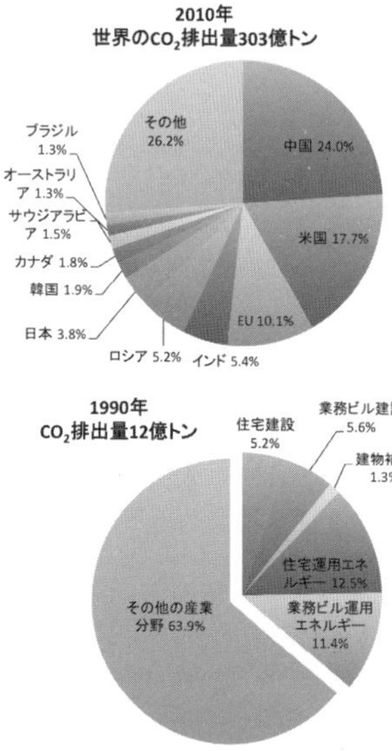

図1.1　CO_2の各国排出量と建設業の比率

まず、ここでは、これから学ぶ環境・設備分野の目的や役割について考えてみましょう。一般に建築分野は建築計画・意匠、建築構造、建築環境・設備の三つの分野から構成されます。簡単にいえば、建築計画・意匠は建物の平面や機能・空間構成などを考える分野、建築構造は、安全性、耐震性を考え建物を構造的に成り立つように考える分野といえます。それらに対し、建築環境・設備分野は、人間が生活空間で感じる熱、空気、音、光、水などの環境要素を考え、いかに快適に、省エネルギーで、しかも健康的で安全な生活空間を実現できるかを考える分野です。しかし、それぞれの分野の専門性を究めることは、もちろん大切ですが、優れた建築をデザインするためには、先に述べた三つの分野を総合的にとらえて、計画・設計を行うことが重要です。

これらの各分野の役割は、よく人間の体のつくりに例えられます。建築計画・意匠は人の風貌や雰囲気など、建築構造はまさに筋肉を支える骨や筋肉などと言えます。それらに対し、建築環境・設備は、食べ物を消化し、栄養を取り入れ、体の各所に心臓・血管を介して血液を循環させ、呼吸によって

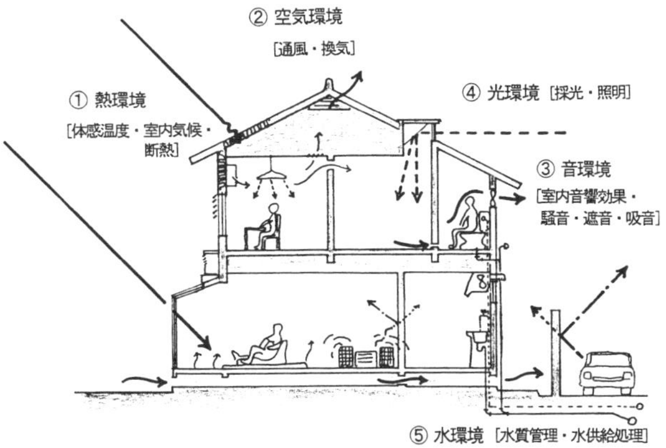

図1.2　生活空間における環境要素

図3　建築における環境調整の工夫

酸素を供給し体にエネルギーと活力を与える内臓や血管などの役割を果たしています。人間の体はこれらの構成要素が別々ではなく、各要素が総合化されてつくられています。これは、各分野の技術を総合させて、建築を造るのと同じことのように考えられます。建築空間を創造する際に考慮する環境の要素には、熱、空気、音、光、水などがあると述べました[図1.2]。それらの環境要素についての環境条件を調整するためには、まず建築の屋根、壁体、窓などに工夫を施し実現することを心掛けることが大切です。たとえば、その方法には断熱性の高い壁や屋根材を用い暑さや寒さを緩和し、庇や簾《すだれ》[図1.3]を用いて強い陽射しの侵入を防ぎ、窓の設置位置を工夫し換気・通風をしやすい空間にすることなどがあります。これらの方法を機械・電気的な技術に頼らないことからパッシブな方法と呼びます。しかし、パッシブな方法だけでは、1年を通し、夏の暑さや冬の寒さから快適な環境は安定して得られません。それを実現させるために、いつでも省エネルギーで快適性が得られやすい冷房機器や暖房機器などを用いることになります。このような機械や電気的な技術が建築設備で、パッシブな手法に対しアクティブな方法と呼びます。

パッシブな手法と
アクティブな手法を学ぶ

では、どのようなパッシブな手法があるのでしょうか。
世界には機械や電気的な技術に頼らず、その土地の風土や気候などの地域性を考え、自然環境と調和させた建築、風土にあった建築（ヴァナキュラーな建築という）が多くあります。ここでは、いくつか例を挙げながら、ヴァナキュラーな建築が優れた環境調整装置であることを考えてみましょう。
我が国おいては、白川郷の伝統的な民家集落がその代表例の一つです[図2.1]。断熱性の高いかやぶき屋根で夏の暑さや冬の寒さを凌ぎます。また、夏の厳しい陽射しを遮る深い庇、春秋には涼しい風を室内に取り入れ換気通風を促進できる高窓、採光用の天窓などは、昔から用いられていた大切な環境調整装置でもあり、合掌づくりと集落形態をもつ伝統的な建物群を形成しています。
海外にも多くの事例があります。イタリア半島の端には、アルベロベッロのとんがり屋根の石の家（トウルッリ）があります。1mを超える厚い壁は断熱性が高く、夏は外の暑さを室内に入れず、冬は暖かさを逃がしません。外壁に塗った白石炭は、夏の強い陽射しを反射させ室内に侵入させない効果もあります。雨水は屋根の石の隙間を通り床下にある石をく

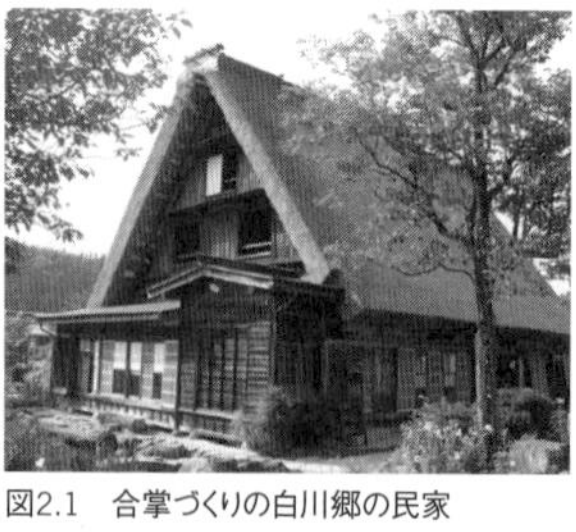

図2.1　合掌づくりの白川郷の民家

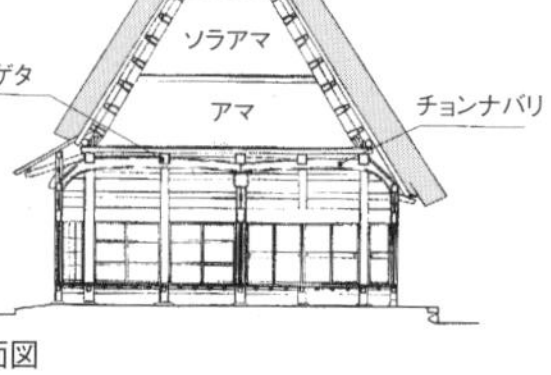

断面図

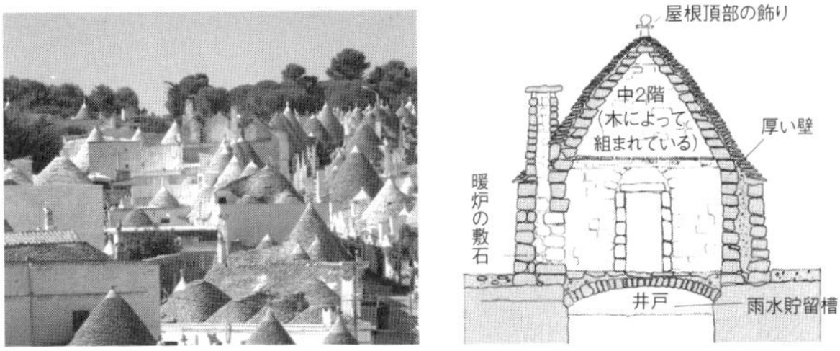

図2.2　アルベロベッロのトゥルッリ　断面図　写真・図:黒田泰介

りぬいた水がめに溜められ、雨の少ない乾燥した気候でも水を蓄えることができます[図2.2]。

イラン、パキスタンなどの中近東の諸国は高温乾燥地域のため、夏の酷暑を緩和するために、立ち上げた採風窓を持つ住宅が独特な景観をつくりだしています。1年を通して主に吹く風の方向に向けて採風口を設ける場合や風の方向が定まらないところでは、いくつかの方向に採風口を向けて設置する工夫も見られます。風窓は昼間と夜間で、風をつかまえるウインドキャチャーと室内の空気を排気する排気塔の役割も果たしています[図2.3]。

図2.3　住宅の採風口

カナダ北部の寒冷地には、先住民イヌイットの住居イグルーがあります。雪氷の塊をドーム型に積み上げた構造で保温性に優れた構造になっています。また、主室の天井にはアザラシの毛皮を張り毛皮と壁の間の空気により断熱性が高められています。断面的には、室内は段差構造になっていて、冷たい空気は降下するので、高い位置に主室(居住スペース)、低い位置に食糧保存庫などが置かれています。寒冷地のツンドラ気候の過酷な環境の中でも優れた居住環境性能が期待できます[図2.4]。

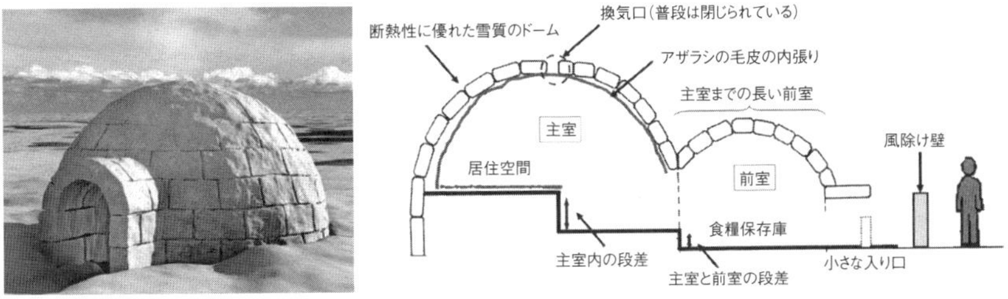

図2.4　イヌイットのイグルー(大和ハウス工業HPより)　断面図

このように気候や風土に適合した建築様式や壁、屋根、窓などのつくりに工夫をした環境調整技術を取り入れた住宅からパッシブな技術を学ぶことができます。

気象条件や周辺環境の違いによる影響を受けることなく、快適で安全な環境状態に、いつでも保てる技術が建築設備であるといいました。建築設備には、空気調和設備、給排水衛生設備、電気設備の三つの分野があります。空調設備は、建物の空気を入れ替えたり、温度や湿度を調整するための設備システムで、人の心臓や呼吸器のような役割を果たし、給排水衛生設備は建物に水を供給したり、トイレなどを介して排水を行ったりする設備システムで、人の胃腸や腎臓などの消化器の役割を果たします。空調設備は、熱・空気環境分野と、給排水設備は水環境分野と関わりがあります。電気設備は建物の照明設備に電力を供給し、さらに空調設備や給排水衛生設備のポンプや送風機などを動かすことや、情報通信網によって情報伝達を行うことなども担います。人の血管のように血液を送り、信号を司る脳や神経の役割を果たします。電気設備は照明設備とも関連するので、光環境分野やその他の環境分野に総合的に関わりを持ちます[図2.5〜8]。

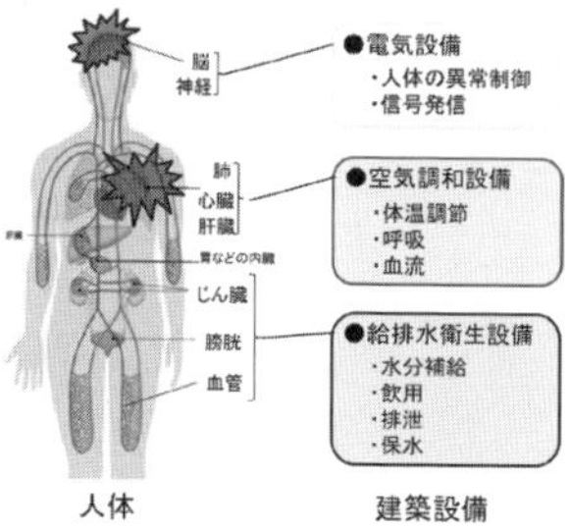

図2.5　人体と建築設備

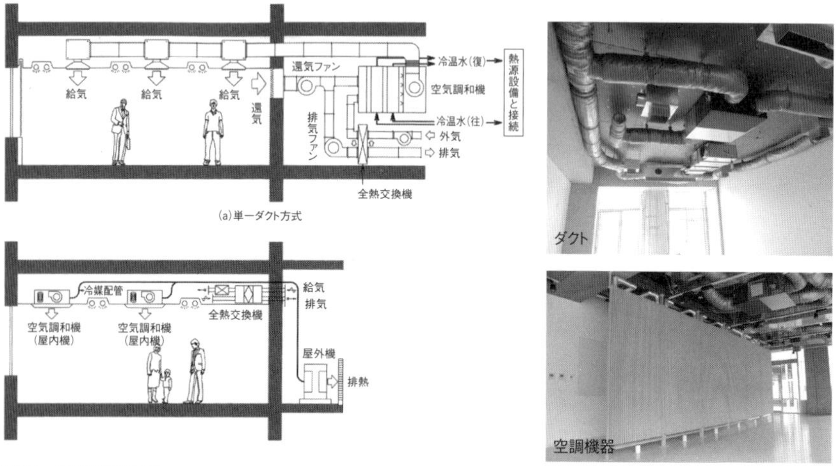

図2.6　空調設備の概要

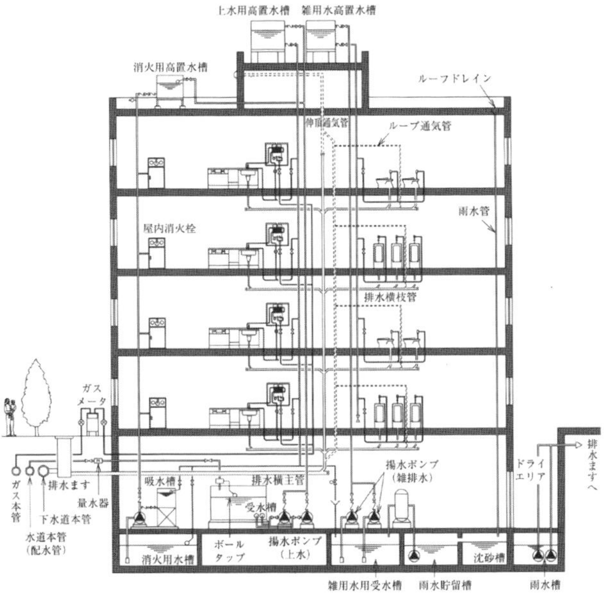

図2.7　給排水衛生設備の概要

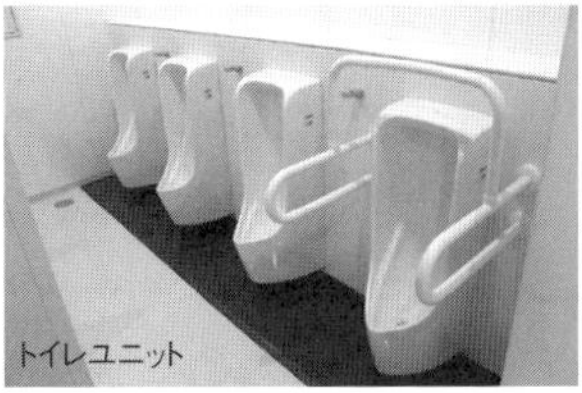

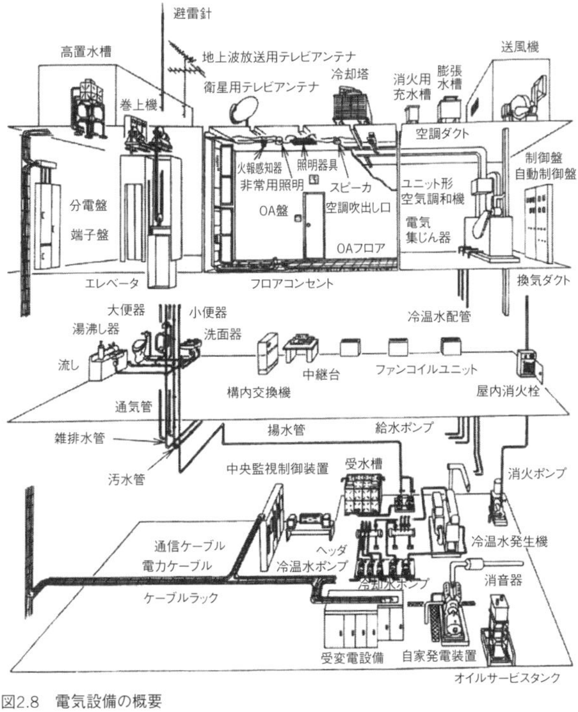

図2.8　電気設備の概要

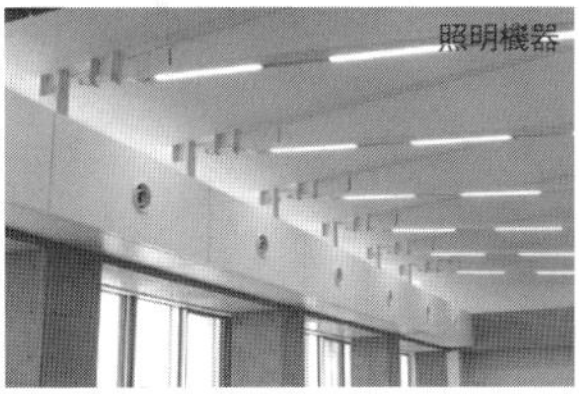

では、皆さんは、これからどのように快適で環境に配慮した環境建築を計画・設計していったらよいのでしょうか。そのためには、以下の考え方が大切です。
まず、ヴァナキュラーな建築でも紹介したような、気候風土や年間の気象条件などとらえて、パッシブな手法を用いて建築的な計画・設計を行います。さらに、省エネルギーや省資源に配慮した建築設備技術を用いたアクティブな手法を併用することで、年間を通して地球環境に配慮した環境建築を計画・設計することが必要といえます[図2.9]。ややもすると、先端的な機械を用いた設備技術のみが先行しがちになることが懸念されます。しかし、あくまでパッシブという建築的な手法に対し、アクティブな建築設備技術は、それを補うものであるという理念と発想を基本としてもらいたいと思います。

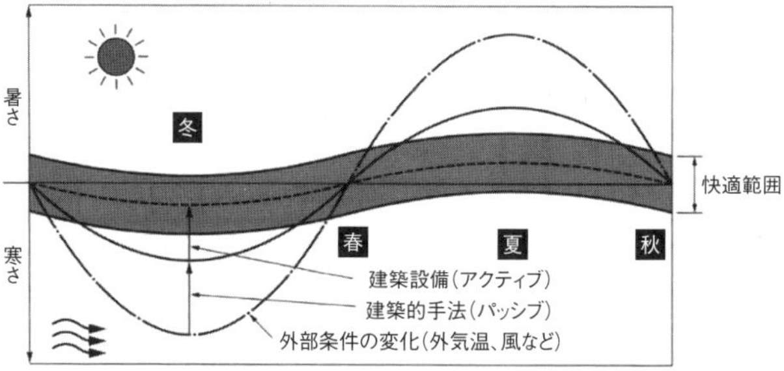

図2.9　パッシブデザインとアクティブデザインの併用

これからの建築と環境共生デザインに向けて

ここに建設後、35年以上を経過した大学の施設を、建築・構造・環境設備を統合させて、リニューアルを行った事例を紹介します[図3.1]。リニューアル前は凡庸な建物でしたが、まず建物の外周をバラによる壁面緑化、ガラスによるダブル

リニューアル前の建物(大沢記念建築設備工学研究所棟)

リニューアル後の建物

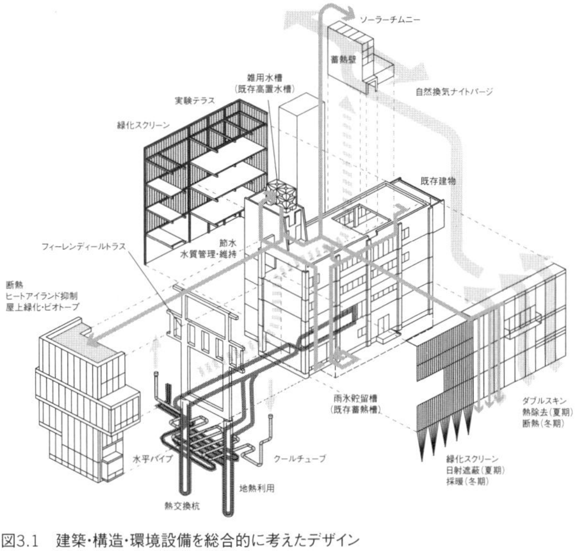

図3.1　建築・構造・環境設備を総合的に考えたデザイン

スキンといった外皮、すなわち建築的なパッシブな手法で覆い、夏季の日射による熱除去と冬季の断熱性を向上させました。さらに、中間期や夏季の通風換気を促進させるために屋上には、太陽の熱を集熱させ、その煙突効果で室内換気を促進させるソーラーチムニーを設置し、ダブルスキンと組み合わせることでさらに効果が増しました[図3.2]。また、この立地は臨海部のため地下水位も高く、1年を通して地中温度は安定しているため、地中熱を有効利用したヒートポンプ空調システムや空気を冷やしたり暖めたりして室内に導くクール・ヒートチューブなどの技術も採用されています[図3.3]。省資源化という点では、屋上に降った雨水を既存の地下水槽に貯水し、さらに節水型のトイレに用いることで建物の使用水量の60%以上を補っています。その他にも人間の血管と同様にコンクリートなどの躯体に比べ劣化しやすい設備配管を取り替えやすいように外部にデザイン性を考慮して設置しています。

このように建築と環境設備のあり方を述べてきましたが、2011年3月11日に起きた東日本大震災は、社会のあり方や都市・建築、さらに環境設備技術の考え方も一変させました。特に津波被害の脅威、福島第一原発の事故により放射性物質の漏えいと原発の安全性への不安、都市や建築での電力、ガス、水などの途絶と使用制限など今後の環境設備分野、さらには建築計画や設計においての様々な課題を残しました。それらへの対策として、とりわけ、エネルギー分野において原発のみに依存することなく、都市や建物で使用するエネルギーの分散化と自立化を目指すようになってきました。ビルで省エネルギー化を進めて、使用する年間での一次エネルギー*1消費量を正味(ネット)ゼロとすることを目指す、いわゆるZEB(ネット・ゼロ・エネルギー・ビル)化に向けた動きが、活発になってきました。一般ビルだけではなく、私たちの住宅においても同様にZEH(ネット・ゼロ・エネルギー・ハウス)を可能にする様々な技術開発に対する取組みが、ハウスメーカーを中心に実施されています。

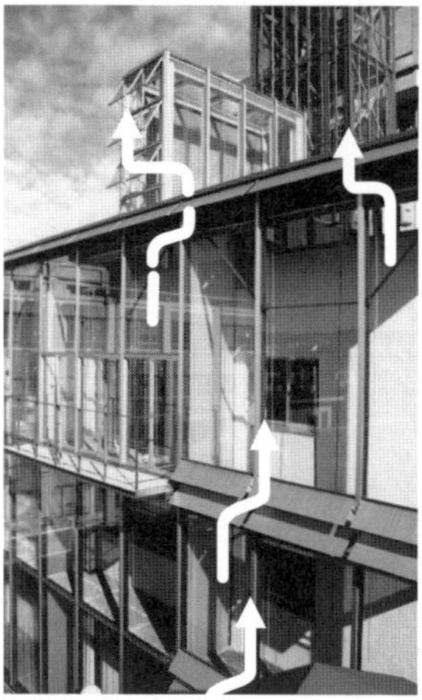

図3.2 ダブルスキンとソーラーチムニーによる換気通風

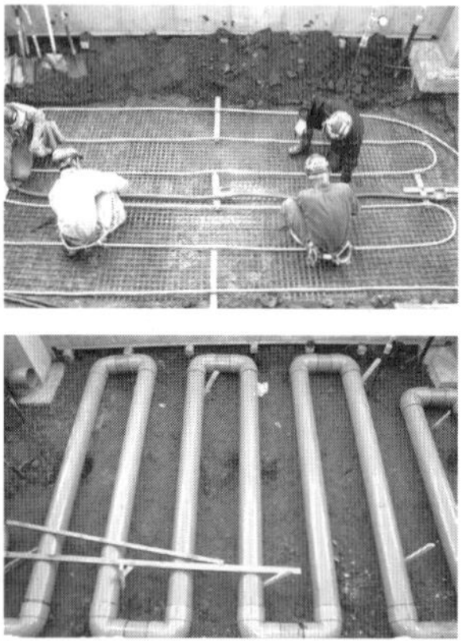

図3.3 地中熱利用による空調設備(地中熱配管)

*1——一次エネルギー:自然界に存在する物質を源とするエネルギーで石炭、石油、天然ガスなどをいいます。これらが、電力・熱エネルギーなどに変換させたものを二次エネルギーと呼びます。ZEBでは、二次エネルギーも、一次エネルギーに換算して全て評価します。

そのためには、建物の計画・設計・運用・維持管理の段階において、四つの手法を総合的に考える必要があります。

建築と一体化した環境共生デザイン

今までに述べてきた自然換気や通風の利用、太陽光と日射の制御などを建築的なパッシブな手法と高度な省ネルギー設備機器などを用いたアクティブな手法を調和させて、環境への影響を削減して、かつ建物の総合的な性能を向上させることです。

使用者の満足度と知的生産性の向上

建物の使用者や居住者が仕事や学習を行う際に、そのワークスタイルに応じた場所が選択でき、コミュニケーションをはかりながら、リラックスして業務に専念でき、作業や学習効果が向上するような建築空間と、それを実現できる環境・設備をデザインすることです。

エネルギーマネージメントの実践

ビルや住宅、さらには地域や都市において使用されるエネルギーを総合的に管理し、無駄を少なくし、エネルギーの運用を最適な状態にするために環境設備を制御しながら効率よく運用するしくみを構築することです。

図3.4　太陽光発電システム

図3.5　風力発電システム

再生可能エネルギーの活用

太陽光を利用した太陽光発電システム[図3.4]、地下水・地中熱を利用した空調設備システム、風力を利用した風力発電システムなど、未利用エネルギーを有効活用することです。そのようなZEB化を目指した建築について、業界でも模索されており、いくつかの先進的な事例の建設も始まっています[図3.5~6]。

皆さんには、本書を通して建築学における環境・設備分野に関する基礎的な知識を習得していただきたいと思います。各章では、建築を計画・設計するときに考えなければならない空気、熱、光、音、水、電気などの環境要素に関する基礎知識や話題などをわかりやすく解説します。同時に、それらを調整・制御するために必要となる建築設備の知識や、今後、必要となる考え方や技術の動向についても、新たな視点から説明します。

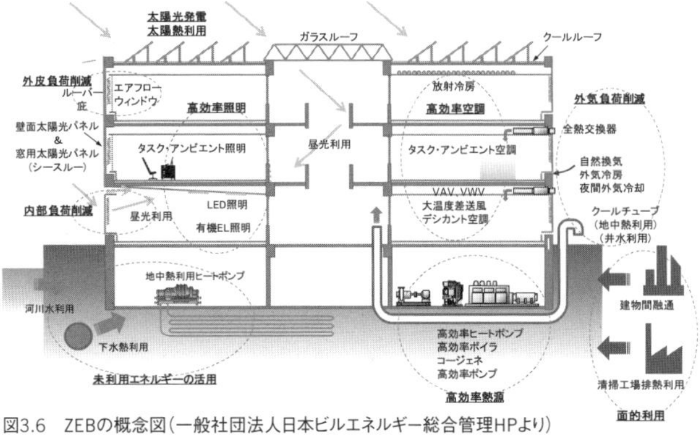

図3.6　ZEBの概念図（一般社団法人日本ビルエネルギー総合管理HPより）

図3.7　新たな環境共生デザインの研究と教育の場（関東学院大学建築・環境学部新棟）

参考文献

・ヴァナキュラー建築の居住環境性能、村上周三、慶應義塾大学出版会、2008
・新版 建築を知る、建築学教育研究会編、鹿島出版会、2004
・空気調和・衛生設備の知識（改訂3版）、空気調和・衛生工学会編、オーム社、2010
・建築家なしの建築、B.ルドフスキー、鹿島出版会、1976

Part 1

空気・熱環境をデザインする

4

建物を取り巻く環境を知る

都市環境から地球環境における問題

建築環境から地球環境まで

建築環境・設備分野が主に関連する空間は人間の生活に大きく影響する建築環境ですが、近年では建物が建設されることによる都市環境の変化、設備機器の大量使用による都市環境問題の発生、さらには地球温暖化に代表される地球環境にまでも対象が拡大されています。また、建設の際には地域の気候や特性を十分に把握しておくことも重要です。本Partでは、建築環境を取り巻く種々の環境から人間環境について、主に空気・熱に関連する事項について学びます[図4.1]。

地球温暖化

建築環境の境界を最大限まで広げて考えると、地球から宇宙空間までが該当します。近年、問題視されている地球温暖化も建築とは切っても切り離せない関係となっています。

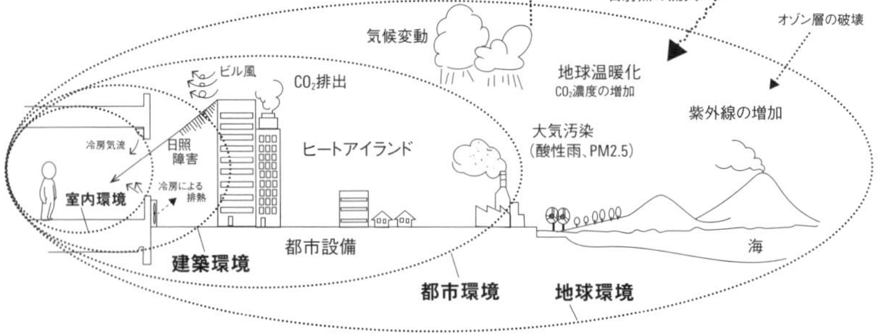

図4.1　建築を取り巻く環境

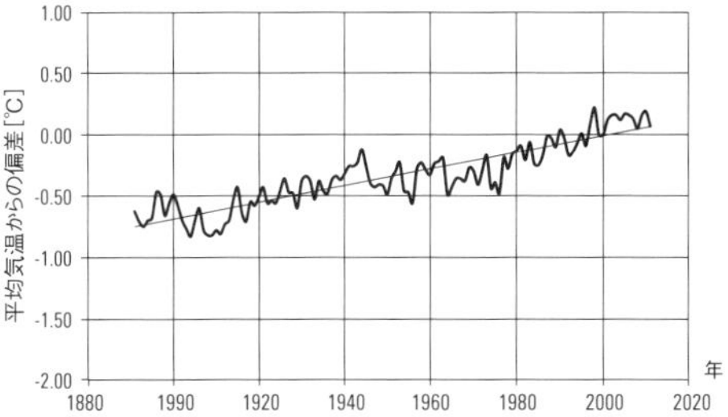

図4.2　世界の年平均気温の偏差

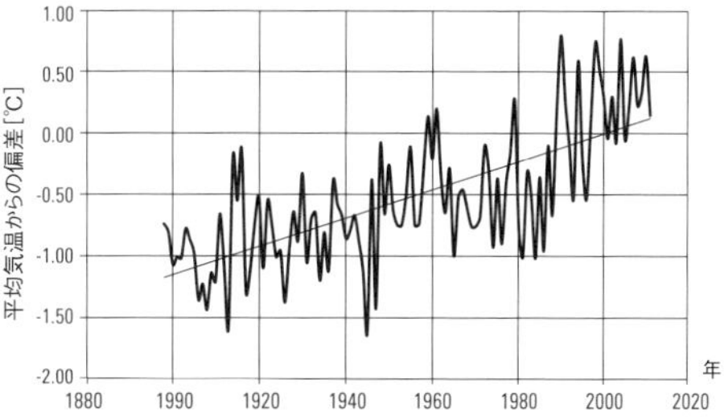

図4.3　日本の年平均気温の偏差

＊1、2——平均気温から平年値を差し引いた値（平年偏差ともいいます）の推移を表しています。平年値には1981〜2010年の30年平均値を使用しています。

世界の平均気温はこの100年ほどで0.68℃程度、上昇しているといわれています[図4.2＊1]。また、この間の日本の平均気温は1.15℃程度、上昇しています[図4.3＊2]。地球温暖化は単純に気温の上昇をもたらしているのみではなく、気象災害から生態系や水資源、食料など様々な分野に影響を及ぼしています。

＊3——温室効果ガス（GHG）：代表的な温室効果ガスには二酸化炭素（CO_2）、メタン（CH_4）のほか、一酸化二窒素（N_2O）、六フッ化硫黄（SF_6）、ハロフルオロカーボン類（HFCs）、パーフルオロカーボン類（PFCs）などがあります。

温室効果ガス[＊3]

この温度上昇の原因といわれているのが、二酸化炭素やメタンに代表される温室効果ガスとよばれる気体です。我々が生活している地球は昼間に太陽からの熱エネルギーである赤外線を受けることで気温が上昇します。夜間になると、地球から宇宙空間へ赤外線を放出することで気温を下げ、熱のバランスを保っています。しかし、地球の上空に溜まってしまった温室効果ガスはこれらの地球から放出された赤外線を吸収し、地球に向けて再放射を行います[図4.4]。このようなメカニズムで地球に熱エネルギーが溜まってしまうことで、気温が上昇するといわれています。最も影響の大きい温室効果ガスである二酸化炭素の濃度は産業革命以降の化石燃料の大量消費に伴い、上昇し続けています[図4.5]。これらの化石燃料は建物の冷暖房や家電製品の発電燃料、工業生産活動に利用される動力燃料や船舶、自動車などの輸送機器の燃料などとして消費されてきたものです。1990〜2010年の20年間で世界の二酸化炭素排出量は約100億

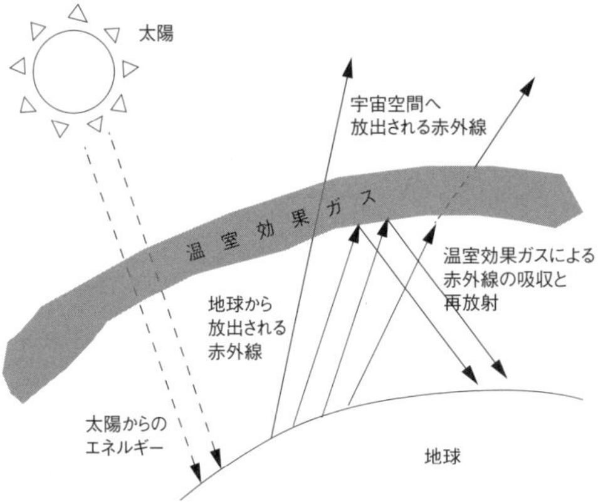

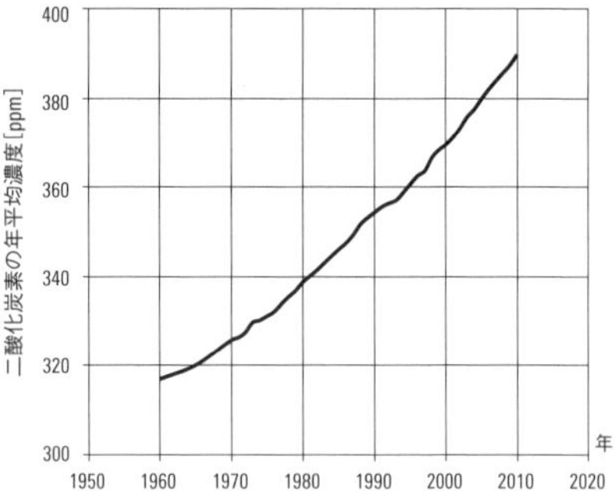

図4.5　二酸化炭素濃度の変化

図4.4　地球温暖化のメカニズム

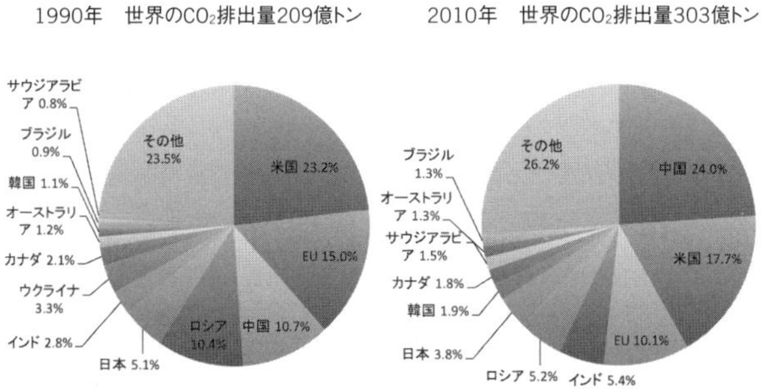

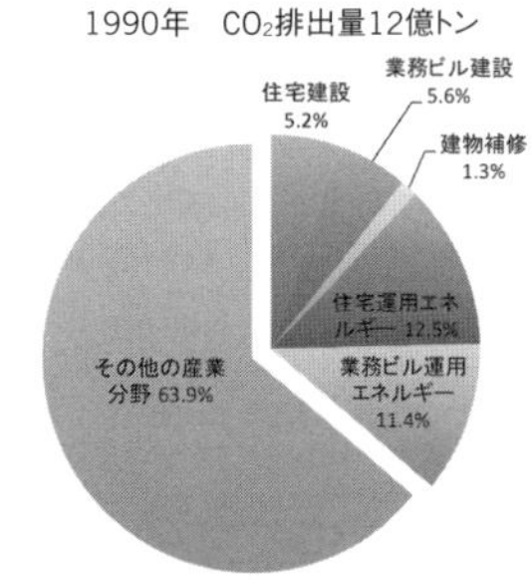

図4.6　主要国の二酸化炭素排出量

図4.7　建設分野における二酸化炭素排出

トン増加しています[図4.6]。日本での二酸化炭素排出量のうち、約1/3が建築関連からの排出といわれています[図4.7]。特に、運用時におけるエネルギー使用に伴う排出量が全体の約1/4を占めています。このことから、パッシブ技術を用いた環境負荷の低減や省エネルギー性の高い設備の導入が重要であることがわかります。

地球温暖化への取組み

地球温暖化に対する世界的な取組みに気候変動枠組条約*4があります。1997年に京都で開催された第3回締約国会議（COP3）では、2008～2012年の第1約束期間に二酸化炭素排出量を削減する目標値が決められました（京

*4――気候変動枠組条約：全締約国に対して、GHG排出・吸収状況の目録の作成と報告、GHG排出削減（緩和）・適応の計画策定と実施などの義務を課し、先進国にはこれに加えて途上国への技術移転・資金支援を行うことなどを課しています。

都議定書)。日本は1990年比の6%削減をすることが目標となりました(先進国全体で5.2%の削減目標)。2013年12月現在、日本はこの数値を達成する見込みとなっています*5。2012年にドーハで開催された第18回締約国会議(COP18)では、2020年における削減目標を表明しています。日本は目標として1990年比の25%削減を表明していましたが、2011年の東日本大震災の影響を受け、2005年比の3.8%削減を暫定的な目標値として修正しています。

*5——森林による吸収やカーボン・オフセット(温室効果ガスの削減活動に投資し、排出される温室効果ガスを埋め合わせるもの)、排出権取引などの効果も含みます。

オゾン層の破壊

オゾン層は地上から高度約10〜50kmの成層圏にあり、太陽光に含まれる有害な紫外線を吸収しています。1980年代初め頃、9〜11月の期間を中心に南極上空のオゾン層のオゾン濃度が著しく減少し、オゾン層に穴が開いたような状態のオゾンホールが発見されました。これ以降、2000年頃までにオゾンホールの面積は急激に拡大していきました[図4.8]。現在では長期的な拡大傾向は見られませんが、依然として深刻な状況になっています。オゾン層が薄くなると、紫外線の地上への到達量が増加し、生物へ影響を及ぼします[図4.9]。有害な紫外線により、皮膚がんや白内障を起こしたり、感染症に対する免疫作用が抑制されて、疾病にかかりやすくなるなどが懸念されています。また、動植物の生育を阻害することにより生態系に影響し、農作物の収穫が減少することも考えられます。

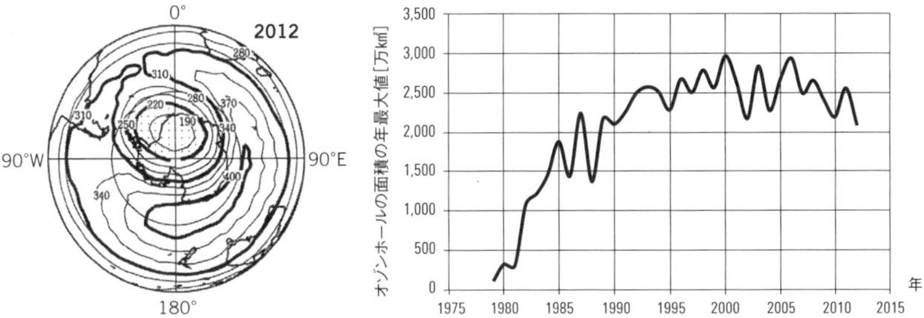

図4.8 オゾンホールとオゾンホール面積の年最大値の推移

オゾン層破壊のメカニズム

オゾン層破壊の原因は、人間が人工的に製造したフロンガスという化学物質であることがわかっています。フロンガスは化学的に安定した性質をもっており、エアコンや冷蔵庫の冷媒*6のほか、断熱材やプリント基板の洗浄剤など、様々な用途に大量に使用されていました。これらのフロンが大気中に放出されると、分解されることなく成層圏に到達します。そこで、強い紫外線によりフロンは分解され、塩素原子を放出します。この塩素原子により、大量のオゾンが分解されていることがわかりました。

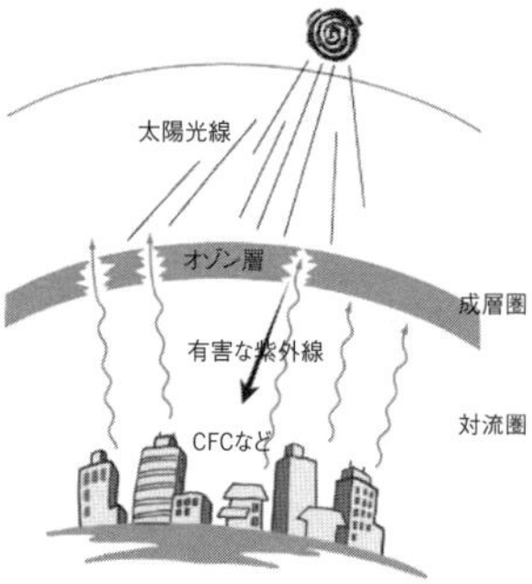

図4.9　オゾン層破壊による有害紫外線の透過

*6——冷媒:熱を運ぶ媒体のことをいいます。住宅用エアコンでは、室内機と室外機をつなぐパイプの中を流れています。冷房時には、冷媒は室内機で室内の熱を奪い室外機まで運び、室外機から外に熱が放出されています。熱を放出した冷媒は再び、室内機に熱を奪いに戻ります。

オゾン層保護への取組み

オゾン層保護のための国際的な取組みとして、1987年にモントリオール議定書が制定されました。この後、先進国では1996年に特定フロン(CFC)の生産を全廃にすることが定められました。これにより、特定フロンからオゾン層破壊への影響が小さい代替フロン(HCFC)へと切り替わりましたが、代替フロンは温室効果ガスであったため、先進国では2020年に全廃することが定められています。現在では、環境への影響が小さいと考えられるアンモニアやプロパン、二酸化炭素などの自然冷媒に関する研究開発が進められています。

ヒートアイランド現象

東京のような都市では、地球温暖化以上に温暖化が進んでいます。**図4.10**は、東京における年平均気温の5年間の移動平均値をグラフにしたものです。この100年の間に、約3℃も年平均気温が上昇していることがわかります。地球温暖化による世界の平均気温の上昇が0.68℃程度、日本の平均気温の上昇が1.15℃程度でしたので、2〜2.5℃程度は都市の温暖化が発生していることになります。**図4.11**は各年における日最低気温が25℃以上の日数を表しています。1900年代初頭では平均日数(5年間の移動平均)は

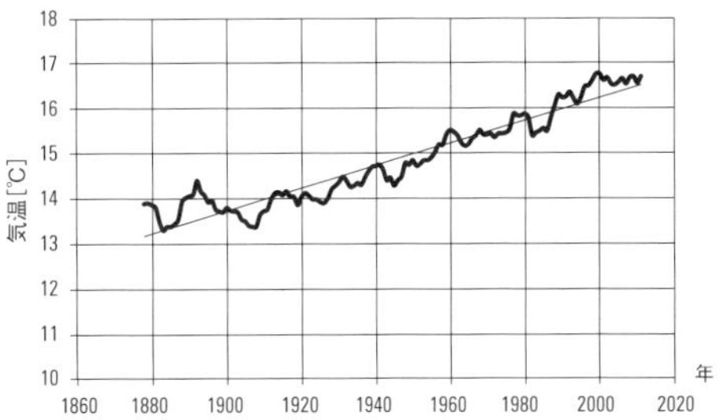

図4.10　東京における年平均気温の推移

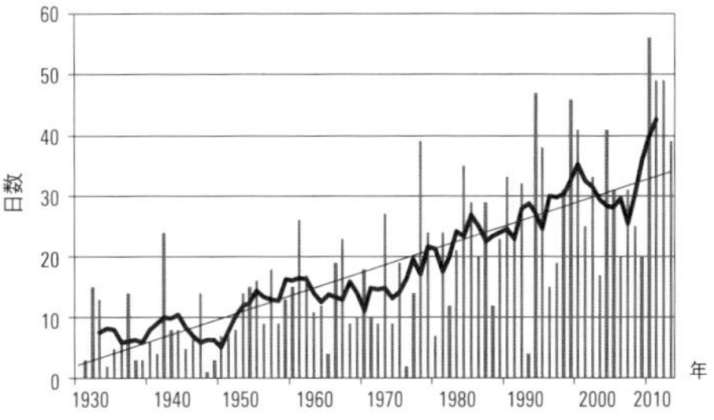

図4.11　日最低気温が25℃以上の日数(東京)

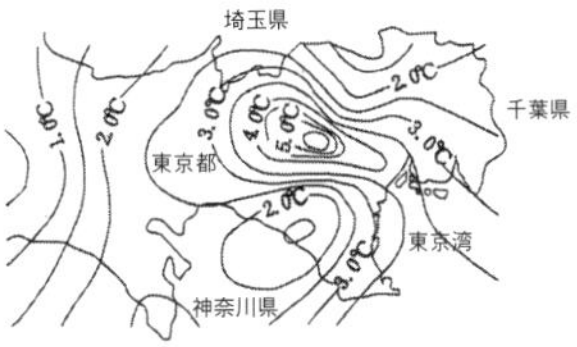

図4.12　ヒートアイランド現象

10日に満たない状況でしたが、2010年頃になると、40日を超えるようになりました。このように東京のような都市では1日中、都市が熱を蓄えている状態となっています。このような現象をヒートアイランド現象といいます。都市部の気温を等温線で表すと郊外よりも島状に高くなるために、このようによばれています[図4.12]。ヒートアイランド現象により、夏季の熱中症や熱帯夜増加による睡眠の阻害、都市部の高温空気による大気拡散の阻害、夏季の冷房エネルギーの増加などへの影響が生じています。

ヒートアイランド現象の原因

ヒートアイランド現象の主な原因として次の三つが挙げられます[図4.13]。

① 人工排熱の増加

都市化に伴い、建物の空調使用時間の増加、工場などでの生産活動や自動車の走行によるエネルギー使用量の増加が生じ、これに起因する人工排熱が増加しています。

② 地表面被覆の人工化

建物や道路がコンクリートやアスファルトで被覆されたことで、熱が溜まりやすくなりました。また、緑地や土壌が減少したことで、それらに含まれる水分も減少し、蒸発による冷却*7が不足しています。

③ 都市形態の高密度化

建物が多く建設され、都市に凹凸が生じたことで建物表面積が増加し、日射熱を蓄えやすくなっています。また、風通し

*7——蒸発による冷却:水に熱を与え続けると水温が上昇します。このときの熱を顕熱といいます。さらに熱を与え続けると、ある温度になったときに蒸発を始めます。蒸発の間、水温は変わりません。このときの熱を潜熱といいます。水が蒸発するということは、何かが水に熱(潜熱)を与えているということになります。打ち水は水を蒸発させるときに、道路の熱を奪っているのです。

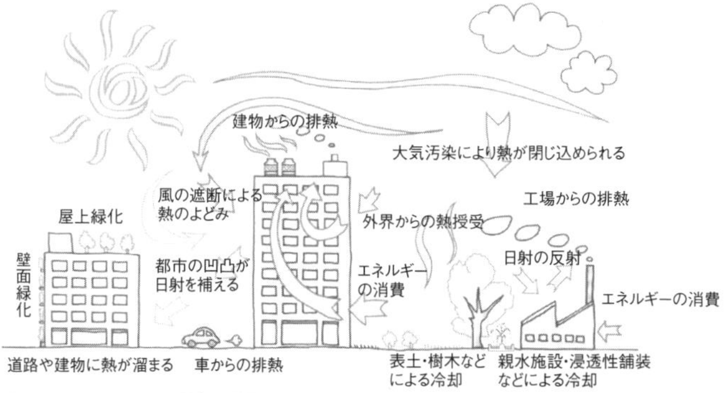

図4.13　ヒートアイランド現象の原因

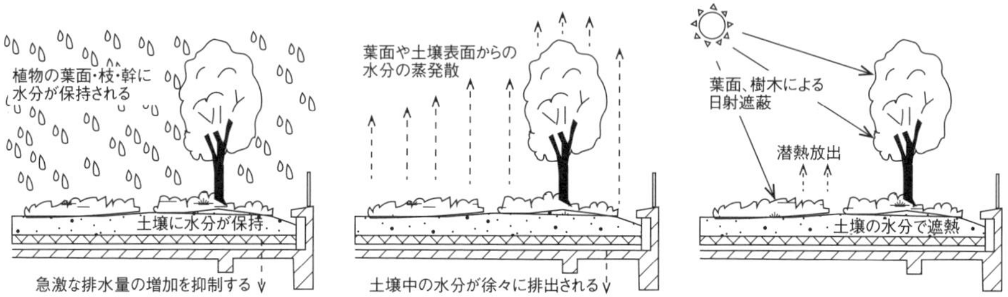

図4.14　屋上緑化による効果

が阻害されることで、熱が拡散しにくくなります。

対策として、排熱放出量の削減と緑地面積の拡大が主に挙げられます。近年では屋上緑化の考えが定着してきました。屋上を緑化することによって、日射熱の遮蔽、葉面や土壌表面からの蒸発散による冷却効果、土壌の断熱性能による省エネルギー効果を期待することができます[図4.14]。

酸性雨

自動車の排出ガスに含まれる窒素酸化物（NOx）や工場の排煙に含まれる硫黄酸化物（SOx）が大気中で化学反応し、雲や雪に溶けると酸性の雨となって地表に降り注ぎます。これを酸性雨といい、一般的にはpH5.6以下*8の雨とされています。酸性雨は湖沼での生物の生息環境や、森林の

*8——pH:酸性、アルカリ性の強さの程度を示す水素イオン濃度を表す数値で、ペーハーまたはピーエッチとよびます。pH7が中性の状態で、これより値が小さいほど酸性が強く、値が大きいほどアルカリ性が強いことを表します。

木々の生息に影響を及ぼします。また、アテネのパルテノン神殿など、酸に弱い大理石や銅を用いて建てられている歴史的建造物や世界遺産などの被害例も報告されています。

PM2.5

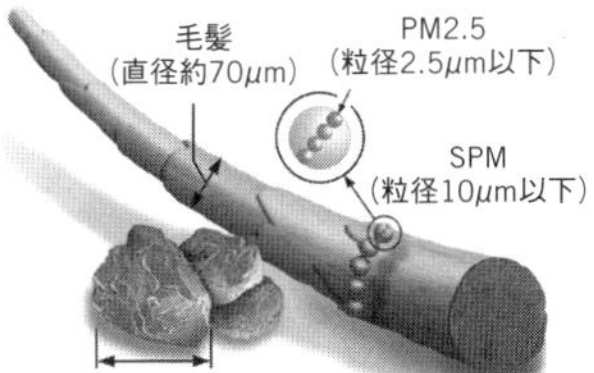

図4.15　PM2.5の大きさ

PM2.5とは、大気中に浮遊する粒子のうち、直径が2.5μm(1μm＝1㎜の1/1000)以下の粒子のことをいいます。髪の毛(50～70μm)や花粉(30～40μm)に比べても非常に小さく、微小粒子状物質ともよばれています[図4.15]。地域や季節や気象条件などによって、組成は変動します。PM2.5は物の燃焼によって発生しますので、ボイラーや焼却炉などのばい煙を発生する施設や鉱物堆積場などの粉じんを発生する施設から排出されます。家庭内でも、喫煙、調理、ストーブなどから発生します。また、工場や家庭などの燃料の燃焼によって排出された硫黄酸化物や窒素酸化物などが、大気中で化学反応を起こすことで生成されます。

PM2.5による健康影響

PM2.5は非常に小さいため肺の奥深くまで入りやすく、ぜんそくや気管支炎などの呼吸器系疾患への影響や肺がんのリスクの上昇、循環器系への影響も懸念されています。花粉との複合的な影響については明確になってはいませんが、PM2.5と花粉が一緒に体内に入ることで、アレルギー症状を発生させる抗体ができやすくなるともいわれています。日本におけるPM2.5の環境基準値は年平均15μg/㎥、かつ、日平均35μg/㎥以下となっています[表4.1]。

表4.1　PM2.5の環境基準(μg/㎥あたり)

国名	日平均	年平均	設定年
WHO	25	10	2006年
日本	35	15	2009年
アメリカ	35	12	1997年(2013年3月に年平均が15から12に変更)
EU	—	25	2008年(2015年以降は年平均が20に)

情報収集

自分が住んでいる地域のPM2.5や大気汚染の状況を調べたいときには、環境省の大気汚染物質広域監視システム「そらまめ君」*9が便利です[図4.16]。このサイトでは速報値を24時間提供しています。

世界や日本における温室効果ガスの排出状況や気温の平年差、オゾン全量の推移やオゾンホール面積の推移、酸性雨の原因となる硫黄酸化物、窒素酸化物などの環境統計量は、環境省の環境統計集のサイト*10から表計算ファイルのダウンロードが可能となっています。

日本の各地域にある観測所での気温や湿度などの年変化、月変化、熱帯夜の日数などは、気象庁の過去の気象データ検索*11で調べることができます。表計算ファイルでのダウンロードも可能です*12。

*9――環境省「そらまめ君」:http://soramame.taiki.go.jp/

*10――環境省環境統計量:http://www.env.go.jp/doc/toukei/index.html

*11――気象庁過去の気象データ検索:http://www.data.jma.go.jp/obd/stats/etrn/index.php

*12――CSVファイルのダウンロード:http://www.data.jma.go.jp/gmd/risk/obsdl/index.php

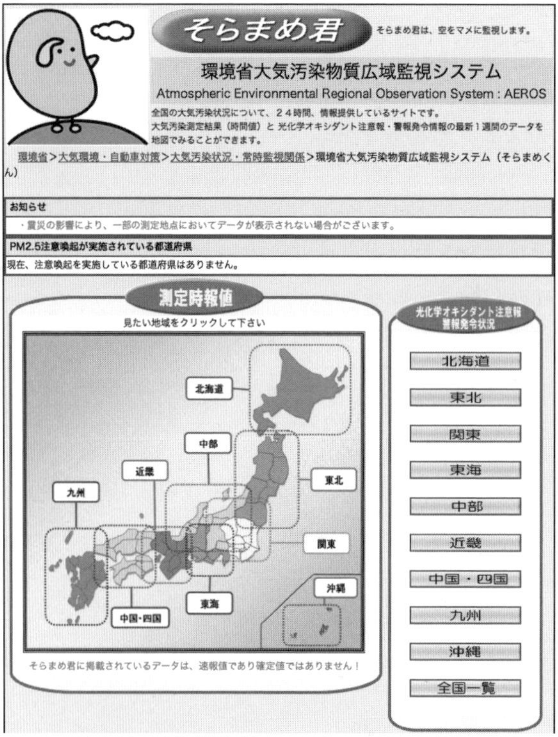

図4.16 環境省大気汚染物質広域監視システム「そらまめ君」のサイト

省エネと快適性の両立を目指す—1

快適に暮らすための空気・熱環境：パッシブ技術編

民生部門での二酸化炭素排出量増加

現在、日本では「産業部門（建設業・製造業・鉱業・農林水産業）」「民生部門（家庭・オフィス・商業施設など）」「運輸部門（乗用車・バス・陸海運）」のそれぞれでCO_2削減の取組みが行われています。この中でエネルギー消費の約30%を占めている民生部門では、エネルギー消費量が増加し続けています[図5.1]。これらは住宅世帯数の増加や住宅における家電製品や住宅設備の増加、オフィスの床面積の増加や建物使用時間の増加によると考えられています。

改正省エネルギー基準

日本では省エネルギー対策として、1979年に省エネルギー法が制定され、これを基に1980年に旧省エネルギー基準（エネルギーの使用の合理化に関する建築主等及び特定建築物の所有者の判断の基準）が定められました。1992

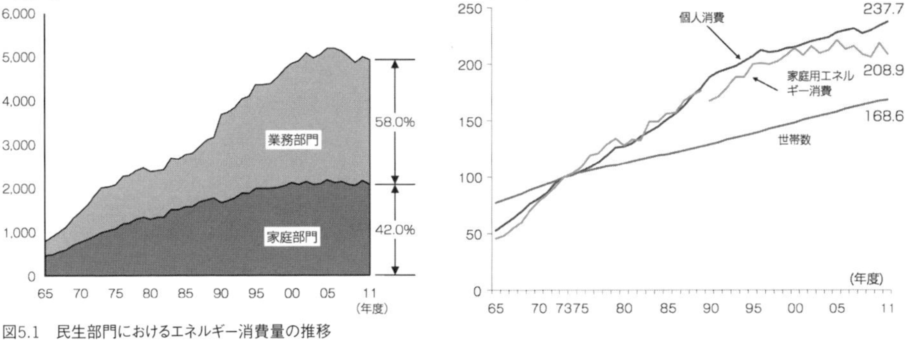

図5.1　民生部門におけるエネルギー消費量の推移

$$\text{外皮平均熱貫流率}(U_A\text{値})=\frac{\text{単位温度差当たりの総熱損失量}^{※}}{\text{外皮表面積}}$$

図5.2　外皮平均熱貫流率による基準（※換気及び漏気によって失われる熱量は含まない）

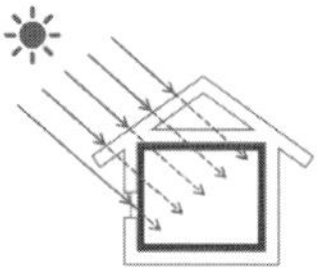

$$\text{冷房期の平均日射熱取得率}(\eta_A\text{値})=\frac{\text{単位日射強度当たりの総日射熱取得量}}{\text{外皮表面積}}\times 100$$

図5.3　冷房期の平均日射熱取得率による基準

年に新省エネルギー基準、1999年に次世代省エネルギー基準へと改正されました。その後、一部改正がなされた後、2013年に改正省エネルギー基準へと改正されました。改正省エネルギー基準では、住宅・非住宅ともに一次エネルギー消費量[*1]を指標として建物全体の省エネルギー性能を評価しています。住宅においては、建物の熱性能を表す外皮平均熱貫流率と平均日射熱取得率が定められています。

*1——一次消費エネルギー量：化石燃料、水力などの自然から得られるエネルギーを一次エネルギーといいます。建築物ではこれらを変換・加工した二次エネルギー（電気、都市ガスなど）の利用が多いですが、これらはkWhやMJなどの異なる計量単位で使用されているため、一次エネルギー消費量に換算することで、総エネルギー消費量を同じ単位（MJ、GJなど）で整理することができます。

外皮平均熱貫流率（U_A値）

住宅では屋根や壁・床・開口部などから熱を損失しています。住宅の各部位から逃げる総熱損失量を外皮表面積で割った値のことで、住宅の断熱性能を表し、数字が小さいほど性能が高いことになります[図5.2]。

平均日射熱取得率（η_A値）

冷房期に住宅の各部位から取得される単位日射強度当たりの総日射熱取得量の平均値を外皮表面積で割った値のことで、住宅の日射遮蔽性能を表し、数字が小さいほど性能が高いことになります[図5.3]。

基準値の設定

日本を寒冷地（1地域）から蒸暑地（8地域）まで八つの地域に区分し、地域ごとにU_A値、η_A値の基準が設けられています[表5.1]。ただし、寒冷地においてはη_A値の基準が、蒸暑地においてはU_A値の基準が設けられていません。

表5.1　各地域における基準値

地域区分	1	2	3	4	5	6	7	8
外皮平均熱貫流率の基準値［W/(㎡・K)］	0.46	0.46	0.56	0.75	0.87	0.87	0.87	—
冷房期の平均日射熱取得率の基準値	—	—	—	—	3.0	2.8	2.7	3.2

しっかりと断熱を

建物からの熱損失量を少なくするためには、適切な部位を適切な材料で断熱する必要があります。部材に流れる熱量は式5.1*2で表され、式中の熱伝導率が部材の熱移動の性能となります。**表5.2**に各種材料の熱伝導率の例を示していま

*2——熱伝導の式:
q=λ⊿t/d［W/㎡］(式5.1)
λ:材料の熱伝導率［W/(m・K)］
⊿t:材料表面間の温度差［K］
d:材料の厚さ［m］

表5.2　各種材料の熱伝導率の例

材料	密度［kg/㎥］	熱伝導率［W/(m・k)］
鋼	7830	53
アルミニウム	2700	200
コンクリート	2400	1.6
水	998	0.6
石膏ボード	710〜1110	0.22
パーティクルボード	400〜700	0.15
木材	550	0.15
たたみ	230	0.11
グラスウール	10〜35	0.036〜0.052
ポリスチレンフォーム	15〜27	0.028〜0.043
空気	1.3	0.022

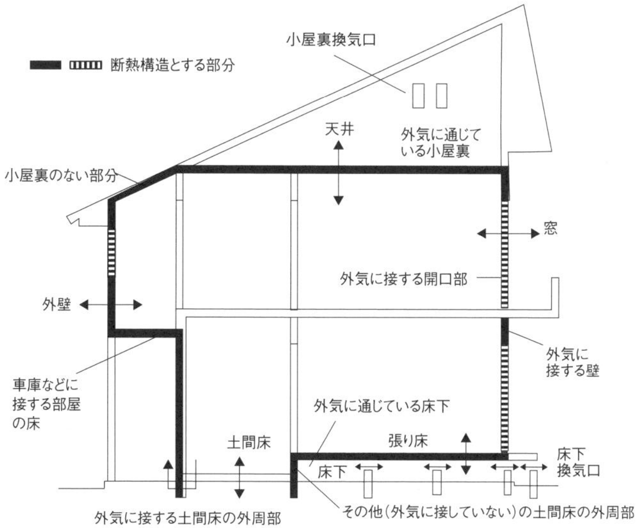

図5.4　住宅で断熱するべき部位

す。鋼やアルミニウムは熱が流れやすく、それらに比べると木材やたたみは熱が流れにくいことがわかります。熱伝導率がおよそ0.1以下の材料を断熱材とよび、断熱の主役を担う材料となります。これらの断熱材を建物からの熱損失が大きい部位に施工することで、建物の断熱性能を高くすることができます[図5.4]。

気密性にも配慮を

より断熱の効果を高めるためには、建物の気密性にも配慮が必要となります。気密性は建物外皮の隙間の度合いの程度を表します。気密性が低いと建物外皮に隙間が多いことになり、隙間からの熱損失が増大することで空調エネルギーの使用量が増加します。気密性を高くすることで、結露防止や換気の計画的な利用が可能となります。

地域の環境特性を知る

建物の省エネルギー性を高めるためには、建物熱負荷の削減や自然環境要素（風や地熱など）の効果的な利用が重要です。これらの実現のためには、建物の建設予定地の環境特性を十分に把握しておく必要があります。

気温

気温とは大気の温度のことで、風通しがよく、直射日光の当たらない場所で、地上1.2〜1.5mの高さで測定をします。気温測定のために百葉箱が利用されています[図5.5]。地上から100m上空に行くたびに約0.6℃低くなります。1日の中で、12時頃に太陽高度が最も高くなり、地表面が多くの熱を受け、13時頃に地表面温度が最大となります。地表面の熱が空気に伝わり、14時頃に最高気温となります[図5.6]。昼間に蓄えた熱は夜間に大気中に放散されるため、日の出前の夜明け直前に最低気温となります。1日の最低気温と最高気温の差を日較差といいます。月平均気温は8月に最大とな

図5.5　百葉箱（横浜市立峯小学校）

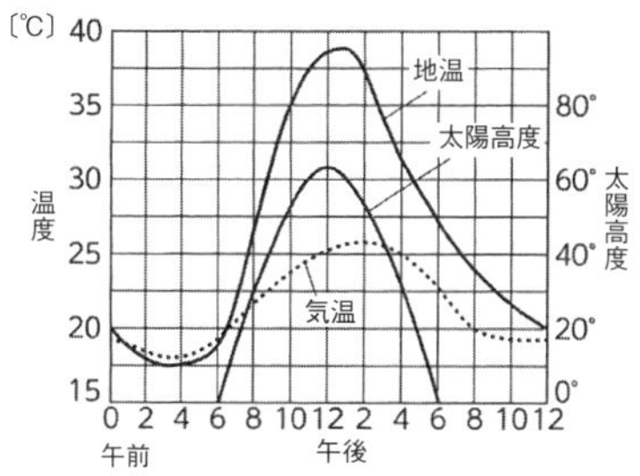

図5.6　気温と地表面温度の1日の変化

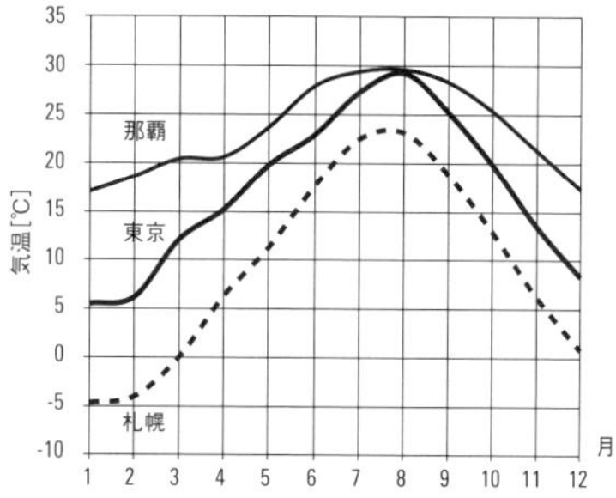

図5.7　月平均気温の1年の変化

ることがわかります[図5.7]。月別の日射量積算値は6月が最大となるため、この変化は1日の変化に似ています。地域別では、最高気温よりも最低気温に顕著な違いが見られます。このことからも、寒冷地での断熱が重要であることがわかります。月平均気温の最大と最低の差を年較差といいます。

相対湿度

私たちの周りに存在する空気には水蒸気が含まれています。空気は温度が高くなるほど、含むことのできる水蒸気量（飽和水蒸気量）が増加します[図5.8]。相対湿度とは飽和水蒸気量に対して、現在、どの程度の水蒸気量を含んでいるかを割合で表したものです。空気中の水蒸気量は大きく変化しませんので、1日の相対湿度の変化は気温の変化と逆の形になります。地域別の年間の相対湿度の変化を比べてみると、太平洋側と日本海側で冬に大きく異なることがわかります[図5.9]。冬に日本海側の相対湿度が高いのは雪による

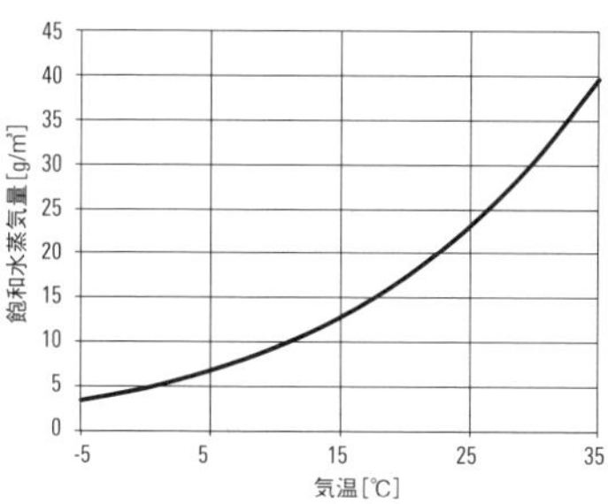

図5.8　気温と飽和水蒸気量

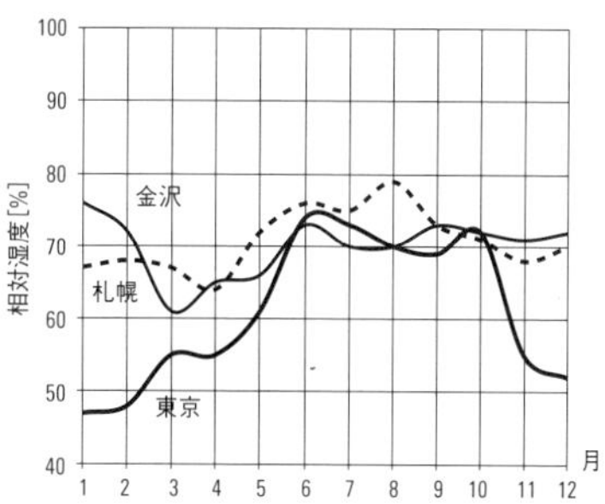

図5.9　月平均相対湿度の1年の変化

もので、これには季節風が影響しています。

クリモグラフ(気候図)

ある地域における年間の気温と相対湿度の変化を整理した図にクリモグラフ(気候図)があります。**図5.10**ではグラフの左下にいくほど寒くて乾燥した状態で、右上にいくほど蒸し暑い状態であることがわかります。東京の1年間はその間を変化することがわかります。クリモグラフによれば、世界各地域の特性も簡単に把握が可能となります。

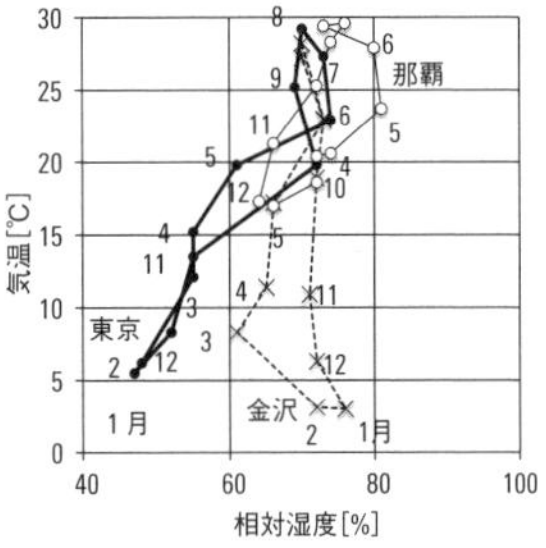

図5.10　クリモグラフ(気候図)

季節風と海風・陸風

夏は、大陸上空の空気温度が高くなる(空気密度が小さくなる)ため空気が上昇し、大陸に低気圧が発生します。水は地面より温度変化しにくいため、太平洋上空の空気温度の方が低くなり(空気密度が大きくなり)、空気が下降し、太平洋に高気圧が発生します。風は高気圧から低気圧へ吹くため、太平洋側から大陸側へ南東の季節風が吹きます[図5.11]。冬は地面の方が水よりも温度が下がりやすいために、大陸上空の空気が冷やされて空気が下降し、大陸に高気圧が発生します。このとき、太平洋上空の空気温度の方が高くなるため、空気が上昇して太平洋に低気圧が発生します。このため、大陸から海へ向かう北西の季節風が吹きます[図5.11]。

この現象と同様の現象が沿岸部でも発生します。陸地は海水よりも暖まりやすく冷めやすいため、昼間は陸の上の空気温度が高くなり、上昇します。そこに海から空気が流れこ

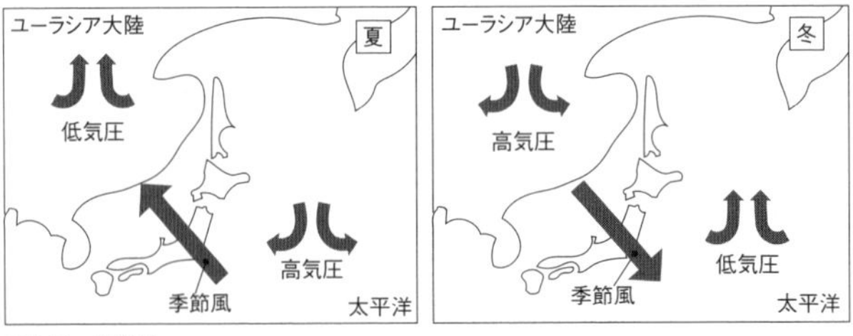

図5.11　季節風

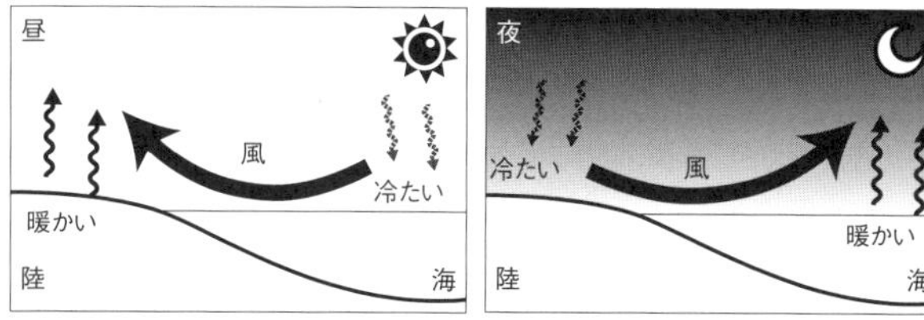

図5.12　海風・陸風

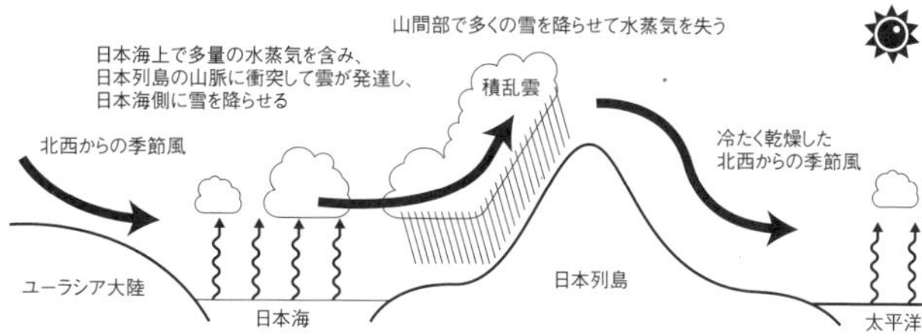

図5.13　冬の季節風と日本の天気

んで、海風が吹きます[図5.12]。夜は陸地が冷え、海の上の空気温度が陸の上の空気温度より高くなるため、海の上の空気が上昇し、そこに陸から空気が流れこんで陸風が吹きます*3。

*3——海風と陸風が入れ代わる朝と夕方には、風がほとんど吹かない状態が発生します。これを「凪(なぎ)」といいます。朝に発生する凪を「朝凪」、夕方に発生する凪を「夕凪」といいます。

冬の季節風と日本の天気

冬は北西の大陸からの季節風が吹きます。この季節風が日本海で大量の水蒸気を含み、雪雲を発生させて日本に到達します。これにより、日本海側では雪が多く降ります。特に、雪雲がぶつかる山沿いでは降雪量が多くなります。山脈を越えた後の空気は乾いているため、太平洋側では乾燥し、晴れの日が多くなります*4[図5.13]。

*4——湿った空気が山を越えて反対側に吹き降りるとき、途中で雲が生じて空気が水蒸気を失うと乾燥した暖かい空気となって吹き降り、周辺の気温が上昇する現象を「フェーン現象」といいます。

パッシブ技術で快適で省エネルギーな空間を

緑陰の利用

人間にとって緑陰はとても重要な存在です。緑被率が高くなることによって、やすらぎ感が高くなるということも報告されています[図5.14]。家の南側に大きな落葉樹を植えることで夏には日射を遮り、冬には日射を取りこむことは古来より行われ

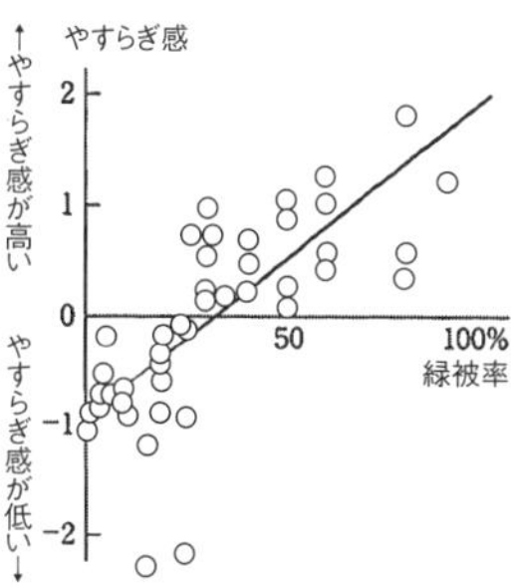

図5.14　緑被率とやすらぎ感

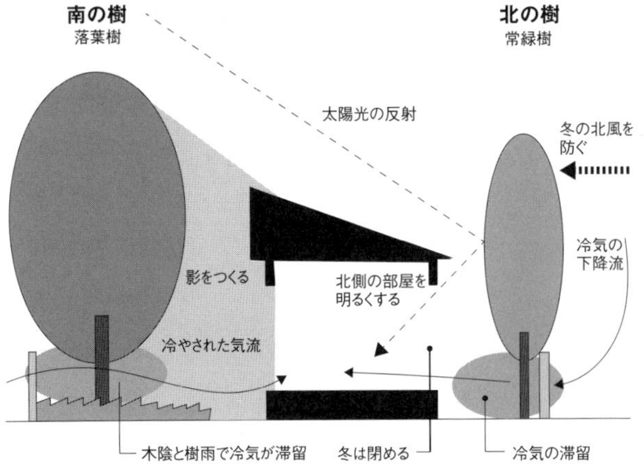

図5.15　緑陰による効果

ている工夫です。樹木の下には木陰と樹雨によって冷気が溜まっているため(クールスポット)、ここを通過する空気の温度上昇が抑えられ、室内に取りこむには絶好の空気となります。北側に植えられている樹木には、冬季の北風防止や日射の建物への反射効果もあります[図5.15]。近年では壁面緑化がよく見られます。植物でカーテンをつくることで、建物への直達日射量を減らすとともに、日射熱を植物に含まれている水分蒸発に使用することで、建物への蓄熱を抑えており、ヒートアイランド対策にもなっています[図5.16]。

図5.16　壁面緑化の例(関東学院大学大沢記念建築設備工学研究所)

自然換気の積極的な利用

日本では自然換気の利用も古来より行われている環境調整の一つです。省エネルギーへの関心や電力供給の不足への懸念などから、近年では夏季の夜間や春・秋などに自然換気を利用する気運が高まっています。自然換気の効果として「在室者への気流の暴露」と「室内に溜まった熱の除去」が主に挙げられます。自然換気には風の力で換気する「風力換気」と室内外の空気の温度差(密度差)で換気する「温度差(重力)換気」があります。

風力換気の場合には、建物周辺の風の状況を把握しておく

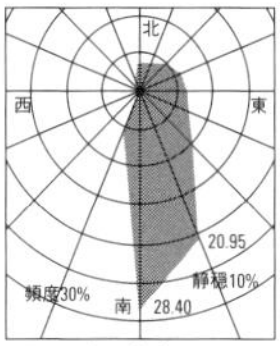

8月・14時　東京

図5.17　風配図

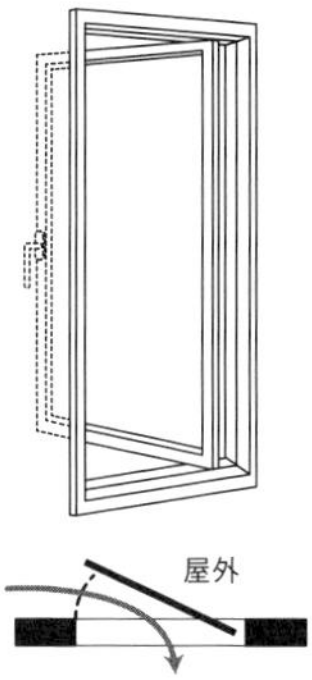

図5.18　ウインドキャッチャーの例

必要があります。その参考になるのが風配図とよばれるものです[図5.17]。風配図はある地点のある時刻に吹く風の風向の発生頻度を表しています。最も風が吹いてくる方角を主風向といい、主風向からの風を卓越風といいます。しかし、対象建物の周辺状況によっては、気象庁などの観測データとは異なる状況になっていることが考えられますので、建設予定地の状況を事前によく調べておく必要があります。近年では、ウインドキャッチャーなどで風を上手に取りこむ工夫も多く見られています[図5.18]。

温度差換気の場合は「室内外の温度差」と「開口間の高さの差」が重要になります。室内が屋外よりも暖かい場合には室内の空気が上方から屋外に出ようとし、室下部で屋外から室内に空気が侵入します。また、開口部同士の高さの差が大きいほど、自然換気は促進されます。

クールチューブ(ヒートチューブ)・ソーラーチムニー

クールチューブやヒートチューブとは地熱利用技術の一つで、夏季には外気温よりも地中温度の方が低く、冬季には外気温よりも地中温度の方が高い特性を利用しています。外気を地中に埋設した管*5を経由することで、建物に取りこむ前に予冷・予熱をするシステムです[図5.19]。

*5——埋設配管の代わりに地下のピットを利用する場合もあり、その場合には「クールピット」とよばれます。

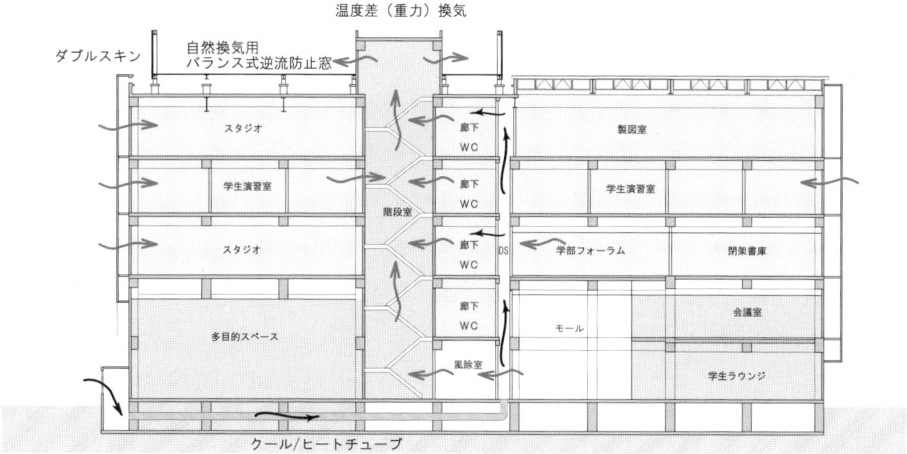

図5.19　クール／ヒートチューブとソーラーチムニーの例(関東学院大学建築・環境棟の模式図)　(提供:日本設計)

ソーラーチムニーは温度差(重力)換気による自然換気の誘発を主な目的としています。太陽熱によってチムニー内の温度が上昇することで、チムニー内外に温度差を発生させます。チムニー内の空気は屋外の空気よりも軽くなるためにチムニー内を上昇し、上部から排出されます。この際に開口部などを経由して屋外からチムニー内へと空気が誘引されていきます。また、チムニーを屋上から上方に設置することで、各開口部との高さの差が生じ、温度差(重力)換気が発生します。チムニー頂部での開口の設け方によっては、外部風による風力換気も期待できます[図5.19]。
そのほかにも太陽熱を利用したパッシブ技術などが多くありますが、それらはPart 2での太陽光の部分で詳しく紹介しています。

省エネと快適性の両立を目指す―2

快適に暮らすための空気・熱環境：アクティブ技術編

寒暑を決める人間の熱収支

恒温動物である人間は年間を通して体内の温度を一定に保つことができます。熱が増え続けても、熱を失い続けても生命活動を続けていくことができないため、人間は非常に高度な体温調整をしているのです。人間の温冷感を考える際には、**図6.1**のように人体を心臓などの臓器や血管などの「コア（核）部」と皮膚や筋肉組織である「シェル（殻）部」に分けると理解しやすくなります。夏季は人体の熱を外に放散するためにコア部が大きくなります。血管が太くなることで臓器からの熱輸送量を多くしています。冬季には人体からの熱放散を抑制するために、コア部が小さくなります。血管が細くなることで、臓器からの熱輸送量を少なくしているのです。このように、体温を一定に保つように無意識に行われる反応を生理的反応といいます。夏季の他の生理反応には発汗が挙げられます。汗が蒸発する際に皮膚表面から熱を奪い、体温の上昇を抑制しています。冬季の他の生理反応にはふるえや鳥肌が挙げられます。寒いときや体内からの熱が奪われたときにふるえた経験のある人は多いと思います。これは、ふるえることにより体内に熱を生産しているのです。皮膚からの熱放散を抑えるために、皮膚の筋肉の一種である立毛筋が収縮している状態が鳥肌です。人間は運動などにより生産する熱量と周囲から受け取る熱量の合計と、周囲に奪われる熱量のバランスで暑さや寒さを感じます。人体が周辺環境と熱の授受を行う方法には主に3種類あります。対流や放射による熱伝達と蒸発です。蒸発には汗のように皮膚

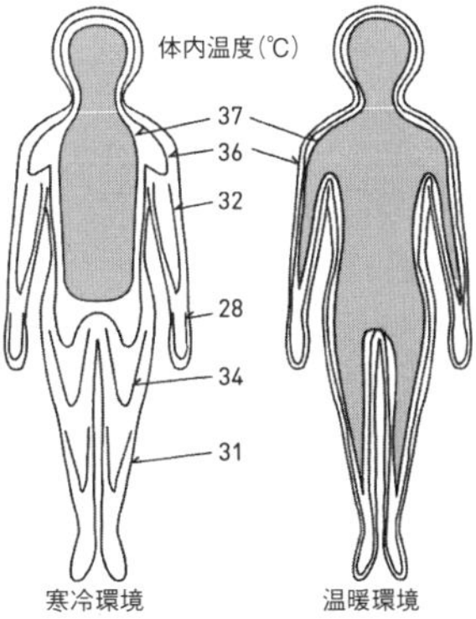

図6.1　人体のシェルとコア

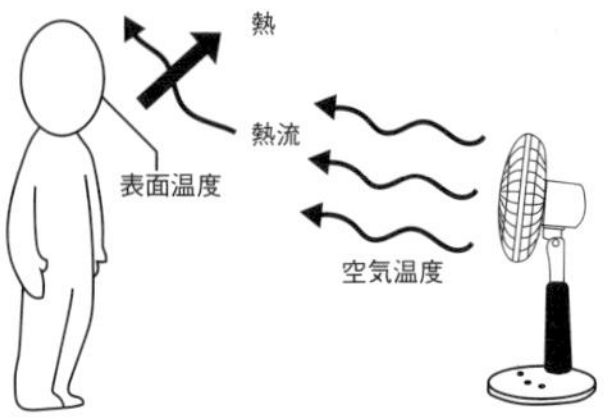

図6.2　対流熱伝達

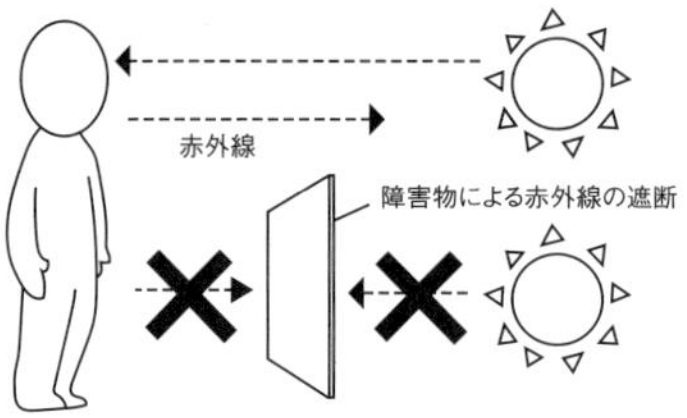

図6.3　放射熱伝達

表面で生じるものと呼吸によるものがあり、気温や湿度が関係します。

対流による熱伝達量

火照った顔を団扇で扇いだり、夏季の扇風機からの気流はとても涼しく感じます[図6.2]。気流が顔や体の表面から熱を奪っていくためです。このように、固体表面と流体との間での熱のやり取りを対流熱伝達*1といいます。人間は周囲の空気と対流によって熱授受をしていますが、これには気温や気流速度、着衣の状態などが関係します。

*1——対流熱伝達:冬季の寒いときに窓ガラスから熱が逃げることで、窓ガラス付近の空気が冷えて(重くなり)降下し、床付近を流れる現象を「コールドドラフト」とよびますが、このように固体と流体間の温度差により生じる熱移動を自然対流熱伝達といい、風や強制的に発生させた気流と固体間で生じる熱移動を強制対流熱伝達といいます。

放射による熱伝達量

太陽の陽射しに当たると暖かく感じ、日影に入ると涼しく感じます。これは太陽から放出されている赤外線を私たちが受け取っているか、障害物により遮断されてしまっているかの違いによるものです[図6.3]。このように、物体表面間での赤外線のやり取りを放射熱伝達といいます。放射熱伝達には人体を取り囲む壁面などの放射温度や着衣の状態が関係します。

温熱環境の6要素

人間の温熱感覚には**図6.4**に示すように気温・湿度・放射温度・気流速度の環境側の四つの要素と代謝量（活動に伴い生産される熱量）・着衣量（着衣による熱抵抗量）の人間側の二つの要素が大きく影響します。これらを温熱環境の6要素とよびます。代謝量の単位は着座状態のエネル

図6.4　温熱環境の6要素

表6.1　着衣の組合わせによるclo値

着衣状態	clo値
パンティ・Tシャツ・ショートパンツ・薄地ソックス・サンダル	0.30
パンティ・ペチコート・ストッキング・ドレス・靴	0.70
パンティ・シャツ・ズボン・ジャケット・ソックス・靴	1.00
パンティ・ストッキング・シャツ・スカート・ベスト・ジャケット	1.00
半袖半ズボン下つなぎ肌着・シャツ・ズボン・ベスト・ジャケット・コート・ソックス・靴	1.50

ギー代謝量（58.15W/m²）を基準とし、これを1Metと表します。事務作業状態で1.2Met、軽い立ち作業・歩行作業のときに1.4Metとなります。着衣量は気温21℃、相対湿度50%、気流速度0.1m/sの室内で着座状態の人が快適と感じる着衣の抵抗力（0.155m²・K/W）を基準とし、これを1cloと表します。その他の状態におけるclo値は**表6.1**のようになっています。クールビズは着衣の熱抵抗を0.6clo程度に抑えることで、人体からの熱放散を促進することを目的としています。

省エネで快適な空調設備

人間の温熱感覚を決める気温や湿度などの室内環境をパッシブな技術で形成する考えは前章に示した通りです。この章では機械設備を使用した環境形成について紹介します。室内空気の温度・湿度・清浄度を制御する設備を空気調和設備（空調設備）とよびます。住宅では空気清浄度を制御する換気設備と気温・湿度を制御するエアコン等は別々に設置されることが多いですが、ビルなどの建物ではこれらを一緒に制御する空調設備が用いられるのが一般的です。

空調の基本的な方式

空調方式は設置方法によって大きく2種類に分類されます。機械室に大型の空調機を設置し、各室の空調を一括で行う中央式(セントラル式)と、各階や各ゾーン[*2]に空調機を分散設置させて空調を行う個別式です[図6.5]。中央式には主に定風量単一ダクト方式(CAV方式[*3])と変風量単一ダクト方式(VAV方式[*3])の2種類があります[図6.6]。定風量単一ダクト方式は日本で最も使われている方式で、中規模・大規模建物の空調に適しています。維持管理が容易である反面、各室に同一の温度・風量の空調空気が供給されるため、各室の使用用途に応じた調節が難しく、また、大量の空気を搬送しているためにファンによる搬送(動力)エネルギーがかかる

*2——複数の空調設備を備える建物において、それぞれの空調機が制御するエリア(ゾーン)を区分することをゾーニングといいます。各階別や各室別、方位別、使用時間別、空調条件別等の区分方法があります。同様の使われ方をする空間ごとに制御が可能なため、快適性と省エネルギー性向上のためにも空調計画では非常に重要です。

*3——CAV方式:Constant air volumeの略。VAV方式:Variable air volumeの略。

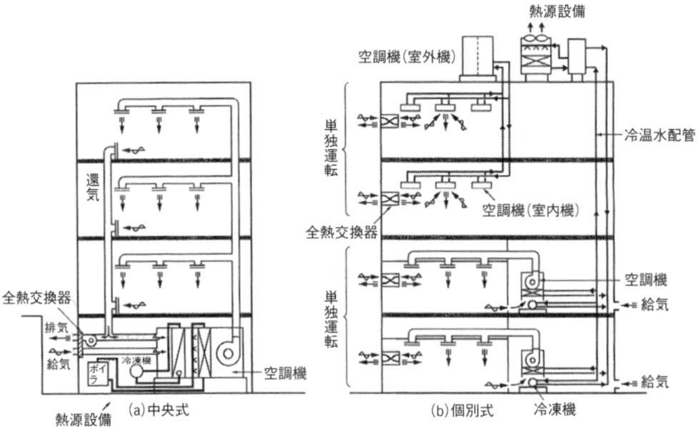

図6.5　中央式空調方式(左)と個別式空調方式(右)

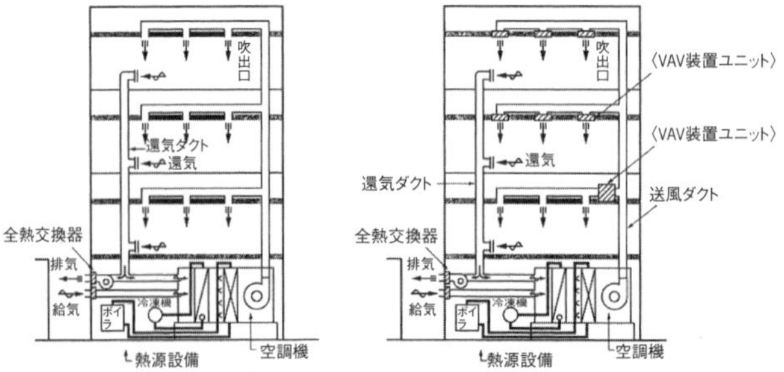

図6.6　定風量単一ダクト方式(左)と変風量単一ダクト方式(右)

という特徴もあります。ただし、決まった量の屋外空気を各室に供給しているため、換気量は確実に確保されます。変風量単一ダクト方式は定風量単一ダクト方式よりも快適性や省エネに配慮された方式で、各室や各ゾーンの状況に応じて、吹出し風量を変化させることができます。冷房時にある室温が高くなったら、その部屋の風量のみを増やすことで室温を調整することが可能となります。必要な部屋に必要なだけの風量を搬送することが可能なため、ファンの搬送(動力)エネルギーの削減が可能です。個別式空調方式は各室や各ゾーンでの単独運転が可能であり、必要な空間を必要なときにのみ運転できるため、個別制御性と経済性に優れています。しかし、空調機や種々の設備機器が建物内に分散設置されているため、維持管理に手間がかかります。大規模建物では、空間の用途に応じて、中央式と個別式を併用して用いる場合も多いです。

窓際は特別／ペリメータとインテリア

事務所ビルなどの建物では、室内を「ペリメータゾーン」と「インテリアゾーン」に分けて考えます。ペリメータゾーンとは一般的に外壁から3〜7mの範囲のことをいい、それよりも室内側をインテリアゾーンといいます*4[図6.7]。ペリメータゾーンでは窓ガラス面を中心に外の環境の影響を大きく受け、窓近傍では夏は日射で暑くなったり、冬はコールドドラフトが発生して寒くなったりします[図6.8]。そのため、インテリアゾーンは

*4——省エネ法では、地階を除く各階の外壁の中心線から水平距離5m以内の屋内の空間、屋根直下の階の屋内の空間及び外気に接する床の直上の屋内の空間をペリメータゾーンといいます。

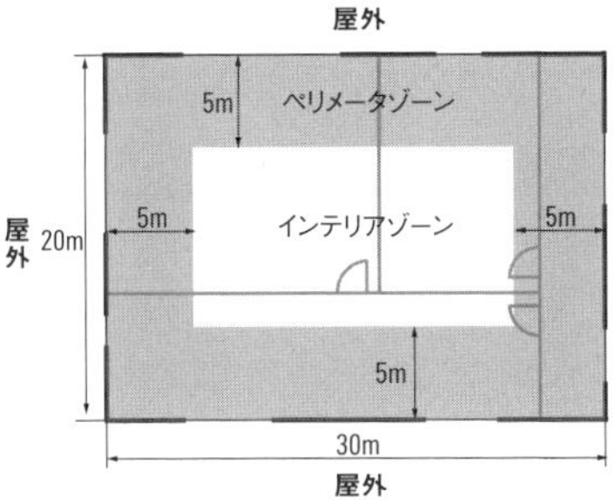

図6.7　ペリメータゾーンの範囲

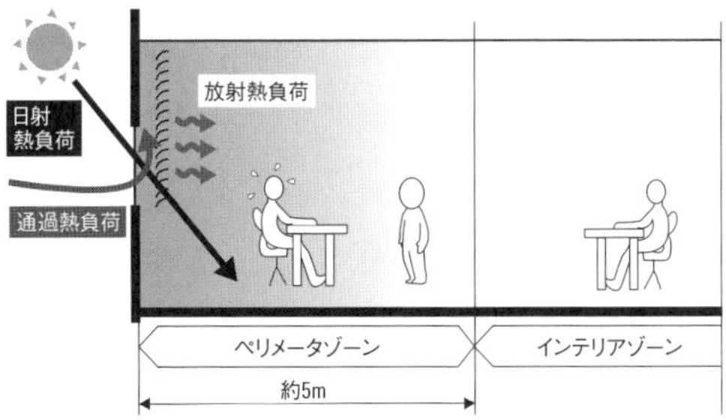

図6.8　ペリメータゾーンとインテリアゾーン

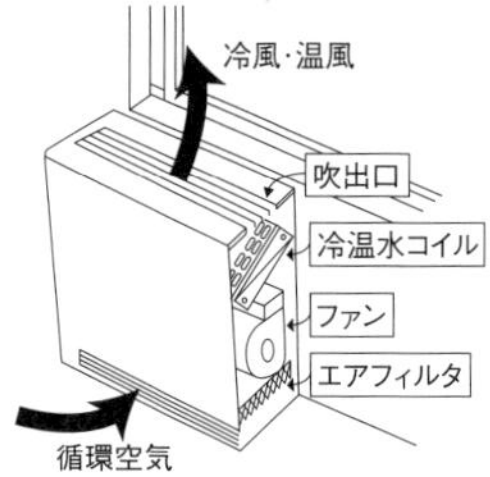

図6.9　ファンコイルユニット（FCU）

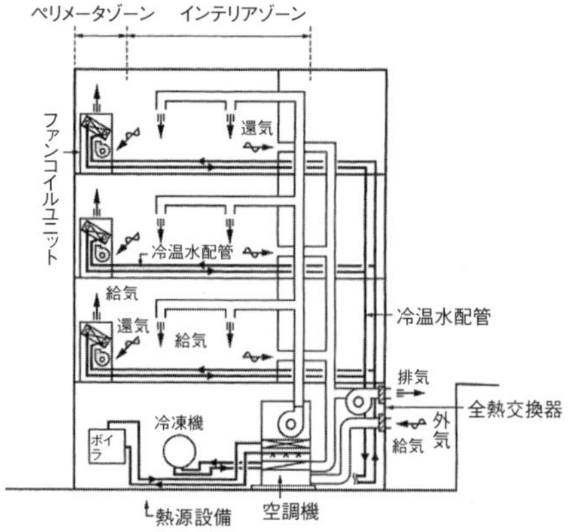

図6.10　ダクト併用ファンコイルユニット方式

中央式の空調設備で制御し、ペリメータゾーンには個別式の空調設備を設置することによって、負荷に応じた制御を行う空調システムが採用されることが多くあります。ペリメータゾーンの熱処理をする空調設備は多くありますが、代表的な設備にはFCU（ファンコイルユニット）とよばれるものがあります[図6.9]。これらの組合せ例を**図6.10**に示します。

省エネや快適性を考慮した空調方式

床吹出し空調方式

主に、OA機器等の配線ルートである二重床（フリーアクセスフロア*5）を利用した床下チャンバーに空調機からの気流を流し、床に設置された床吹出しユニットから吹き出す方式です[図6.11]。各ユニットを調整することで、風量・風向の個別制御が可能となるため、快適性の向上が期待できます。ユニットの移設、増設を容易に行うことができるため、間仕切りの変更やOA機器の増設に容易に対応が可能となります。また、室内気流は上向きに流れるため、小風量で居住域の空気清浄度を高めることができ、省エネルギー効果も期待できます。

*5——床を二重にして床下空間に電気配線やLANケーブルなどを配線する方法で、オフィスなどに用いられます。ケーブル類を高密度に収納でき、レイアウト変更や機器増設の際にも柔軟な対応が可能になります。

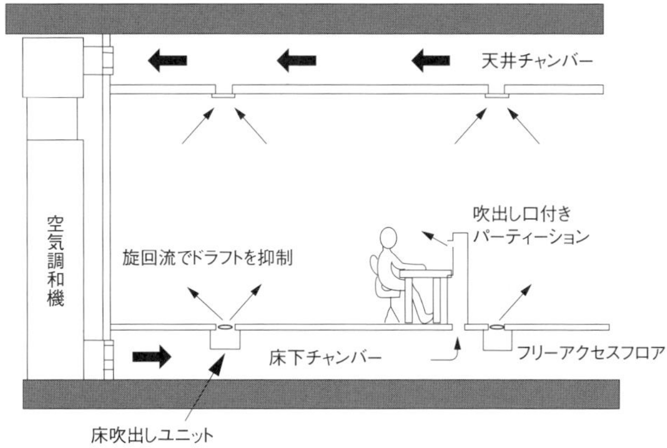

図6.11　床吹出し空調方式とタスクアンビエント空調方式

タスクアンビエント空調方式

室内全域を全体空調(アンビエント空調)により均一な温熱環境に維持し、人の作業空間を部分空調(タスク空調)により各個人の好みの温熱環境に調整ができるため、快適性と空気質の向上が期待できます。不在スペースの停止などにより、省エネルギー効果も期待できます。タスク空調には**図6.11**に示すような、床吹出し空調から作業空間に吹き出す吹出し口付きパーティーションなどを用います。

*6――BEMSのEはEnergy(エネルギー)のほかに、Environment(環境)の意味を含んで解釈される場合もあります。

BEMS(Building Energy Management System)[*6]

建物に設置された設備や機器の運転状況やエネルギー使用量をコンピュータで分析し、効率よく制御することで、建築物の省エネルギーを実現しながら、室内環境を適正に保つシステムのことをいいます。

放射冷暖房方式

室内の空気温度を調整して暖冷房する方式を対流式空調といいます。主に人間と空気が対流熱伝達によって熱授受する方式です。これに対し、人間が周辺環境と放射熱伝達によって熱授受する方式を放射式空調といいます。室内の天井や壁、床などに設けた冷却パネルや加熱パネルなど

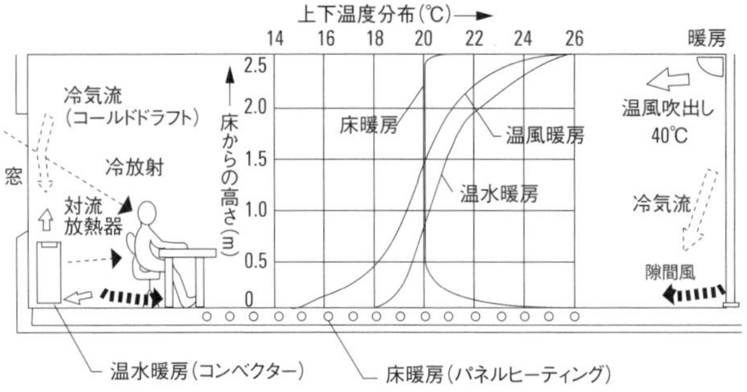

図6.12　暖房方式と室温上下温度分布

で空調する方式です。対流式に比べて、快適性が高く、搬送(動力)エネルギーが少ないという長所があります。ただし、冷房時には室内の湿度を低くしないと、冷却面に結露が生じる恐れがありますので、換気や湿度調節のために、対流式の空調を併用するか、放射式では暖房のみとする場合が多いです。住宅の設備では床暖房方式が該当します。床暖房は上下の温度差がつきにくく、頭寒足熱となるため、快適性の向上が期待できます[図6.12]。床面が暖まるまでの予熱時間が長いため、一時的に使用する室には適しませんが、終日暖房が必要な空間や吹抜けがあるような天井が高い室の暖房に適します。吹抜け空間を対流式で暖房すると、暖かい空気は軽く、室上方へと流れていってしまうため、居住空間は暖まりにくくなってしまいます。このような場合には、天井扇の利用などの工夫が必要です。

室内には危険がいっぱい
安全に暮らすための室内空気・熱環境

室内空気の重要性

日常的に食物の鮮度や生産地、飲み物に含まれる成分などを考えながら生活している人も多いと思います。私たちが生涯で体内に摂取するものの中で、食物や飲料はそれぞれ全体の7～8%程度を占めています。最も多く体内に摂取しているのは空気で、全体の約83%にもなっています。現代に生活する私たちは1日の約90%の時間を室内で過ごしているといわれており、室内空気*1の摂取量が最も多く、全体の約57%を占めています[図7.1]。室内空気が大切であることがわかると思います。室内空気が汚れることで、アレルギーや健康への影響を引き起こすことも考えられます。特に、子どもは大人の約2倍の室内空気を摂取しているといわれていますので、注意が必要です。ここでは主に室内空気に関連する事項を学びます。

*1——私たちが呼吸している空気は乾燥空気と水蒸気の混合物で、湿り空気ともよばれています。乾燥空気の組成は窒素が78%、酸素が21%、アルゴンや二酸化炭素などのその他の物質が1%となっています。

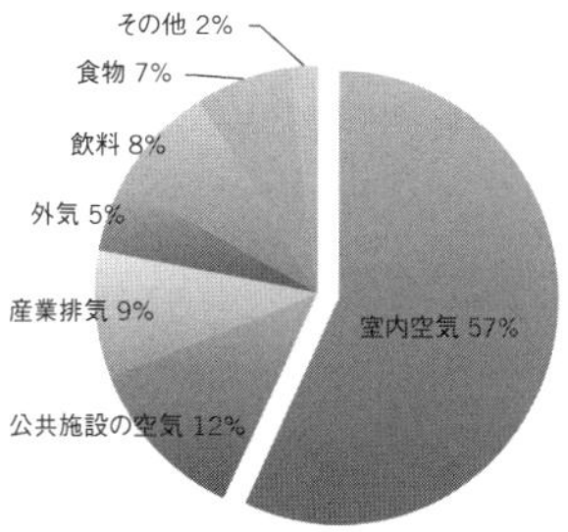

図7.1　人間の全摂取量の重量比

シックハウス症候群による健康被害

1970年代に欧米諸国では省エネルギーを目的に、建物の気密化と最低限必要な換気量の大幅削減が行われました。その結果、有害な空気汚染物質が室内に溜まりやすくなり、健康への悪影響が生じました。このような症状は「シックビルディング症候群」とよばれています。日本では建材や家具、日用品からの化学物質発散の増加に住宅の気密性の向上、ライフスタイルの変化による換気量不足が相まって、新築やリフォーム後の住宅に入居した人の健康に悪影響が出るよ

図7.2　シックハウス症候群

うになりました[図7.2]。この症状は特異的なものではなく、めまいや吐き気、頭痛、目がチカチカする、喉が痛い、皮膚の乾燥、集中力・記憶力の低下など多様な症状が見られることから、このような症状を「シックハウス症候群」とよんでいます。

シックハウス症候群の原因物質

シックハウス症候群は誰にでも発症するわけではなく、症状発生のメカニズムはまだ解明されていませんが、原因は建材や家具、日用品などから発散する化学物質であると考えられています[図7.3]。中でもホルムアルデヒド(HCHO)が主な原因

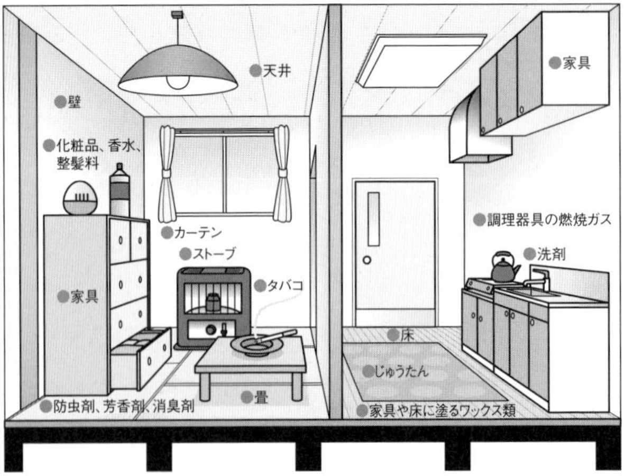

図7.3　室内での化学物質の主な発生源

物質と考えられており、建築基準法などでも対策が考えられています。ホルムアルデヒドは接着性や速乾性に優れていて、安値であることから、パーティクルボードや繊維板をはじめ、複合フローリング板や集成材、合板などを接合する際の接着剤や塗料、防腐剤、消臭剤などに使用されていました。壁紙や断熱材にも含まれているため、合板を用いた天井・壁・床板・家具などから室内に発散していたと考えられています。高温・高湿であるほど発散する速度が大きくなる特徴があるため、冬よりも夏に特に注意をする必要があります。新築やリフォーム後の住宅に入居する際や新しい家具を購入した直後などは、室内の空気の質に注意をして十分な換気を心がけましょう。

化学物質に対する許容量は人それぞれ

化学物質が原因となって発症するシックハウス症候群は、各自がもっている化学物質の許容量に対して、体内吸入した化学物質の量が多くなってしまうことにより、発生すると考えられています。許容量は各自によって異なるため、花粉症のように誰にでも発症するというわけではなく、個人差があります。ホルムアルデヒドは人体の粘膜や皮膚への刺激が強く、粘膜症状や皮膚症状などを起こしますが、呼吸器系や中枢神経系に影響を及ぼす場合もあります[表7.1]。同様に化学物質により発症する症状に「化学物質過敏症」がありますが、シックハウス症候群は建物由来により発症するため、当該建物を離れることにより、症状が緩和されるという特徴があります。

表7.1　化学物質による健康への影響

粘膜症状	目、鼻、喉の刺激
中枢神経系症状	頭痛、疲労、倦怠感
精神神経症状	抑うつ、不安、集中力・記憶力の低下
呼吸器症状	胸部苦悶感、息切れ、咳
皮膚症状	乾燥、掻痒感、紅斑、湿疹紅

湿度の管理に注意

洗濯や炊事、入浴など、私たちの日常生活では室内に水蒸気が大量に発生しています。前述のように、空気は温度によって飽和水蒸気量が異なり、温度が低い空気は水蒸気をそれほど含むことができません。空気中の水蒸気が飽和水蒸気量を越えると水蒸気が液体の水となって現れます。これを結露といいます。冷えた飲み物が入ったコップの外側表面につく水滴も結露によるものです。結露には、壁などの表面で発生する表面結露と壁体内部などで発生する内部結露があります。内部結露が発生すると、部材の劣化や腐朽を引き起こす危険性があるため、防湿による対策が必要になります。室内の壁面に結露が発生すると、カビやダニの増殖を引き起こす原因となります。

カビ・ダニと温湿度の関係

室内での結露はカビやダニの増殖に密接に関係します。私たちが生活する室内温度の20～30℃はカビの成長に適した温度となります[表7.2]。相対湿度が高くなるにつれて、カビはよく生え、増殖が早くなります。結露が生じるとカビが発生し、このカビを餌とするダニの増殖を誘発します。また、ダニの死骸にカビが発生することで、カビとダニがどんどん増殖していくことになってしまいます。カビやダニが原因となって健康を損なう（気管支喘息、アレルギー疾患、アトピー性皮膚炎

表7.2　温度・湿度とカビの関係

湿度とカビ増殖の関係				
相対湿度	0%	55%	65%	75%　100%
生え方	生えない	生えにくい	生える	よく生える
増え方	増えない	増えるのが遅い ——→		増えるのが早い
生える種類	生えない	種類:少ない ——→		種類:多い

温度とカビ増殖の関係				
温度	5℃	20℃	30℃	37℃
生え方	生えにくい	よく生える	生える	ほとんど生えない

等)危険性があるため、室内の湿度環境、特に結露発生には注意が必要です。

低湿度環境にも注意が必要

室内の高湿度環境のみでなく低湿度環境にも注意が必要です。室内が乾燥するとウィルスが繁殖しやすくなります。インフルエンザウィルスの生存率は、相対湿度が50%以上で室温22℃の環境では4時間後に10%以下になりますが、相対湿度20%では生存率は65%程度あるといわれています[表7.3]。また、私たちは口や鼻から取りこんだ細菌を気管の繊毛の運動によって痰などとして外に排出しますが、室内が乾燥しすぎていると、繊毛や粘膜の運動が弱まってしまうため、細菌等に対する防御反応が低くなってしまいます。相対湿度40～50%を目標に、適切な湿度管理を心がけるようにしてください。

きれいな室内空気を維持するために

水蒸気や化学物質を室内に溜めないためには換気が必要です。換気の方法には自然換気と機械換気があります。建

表7.3　湿度とインフルエンザウィルスの生存率

温度[℃]	相対湿度[%]	時間経過後の生存率 [%]						
		0分	5分	30分	1時間	4時間	6時間	23時間
20.5-24.0	20-22	75	77	65	64	74	66	22
	34-36	86	93	58	59	66	53	14
	50-51	84	62	49	29	6.4	4.2	分析不能

表7.4　建築物環境衛生管理基準

物質	管理基準
浮遊粉じんの量	0.15mg/㎥以下
一酸化炭素の含有率	10ppm以下(ただし外気中の濃度が高く、この値が保てないときは20ppm以下)
二酸化炭素の含有率	1000ppm以下
温度	(1)17℃以上28℃以下 (2)居室における温度を外気温より低くする場合はその差を著しくしないこと
相対湿度	40%以上70%以下
気流	0.5m/s以下
ホルムアルデヒド	0.1mg/㎥以下

築基準法や建築物衛生法（建築物における衛生的環境の確保に関する法律）では温度や相対湿度、二酸化炭素濃度など七つの項目に基準値が定められています[表7.4]。建築基準法では住宅などの居室においては換気回数*2 0.5回/h以上、住宅等の居室以外の居室においては換気回数0.3回/h以上の機械換気設備の設置が義務づけられています。良質な室内空気環境形成のためにも適切な換気を行いましょう。

*2――換気回数：換気回数は、1時間に室容積の何倍の空気が換気されるかを表します。換気回数が0.5回/hとは、1時間に室容積の半分の量の空気が換気されていることを示します。

換気方式の種類

機械換気の方式は3種類に分類されます[表7.5]。第一種換気方式は給気と排気の両方に送風機を用いるもので、ビルなどに多く使われています。室内の圧力を任意に調整できる高品位な方式です。第二種換気方式は給気のみに送風機を用いるもので、室内が室外よりも正（プラス）圧となり汚染物質の室内への流入を防ぐことができるため、手術室などの高い清浄度が要求される室で使用されます。第三種換気方式は排気のみに送風機を用いる方式で、室内が室外よりも負（マイナス）圧となり汚染物質の室外への流出を防ぐことができるため、トイレや浴室などの汚染物質が発生する室に使用されます。現在の日本の住宅で一般的に使用されている換気方式です。

表7.5　機械換気方式の分類と特徴

換気方式	第1種機械換気	第2種機械換気	第3種機械換気
系統図	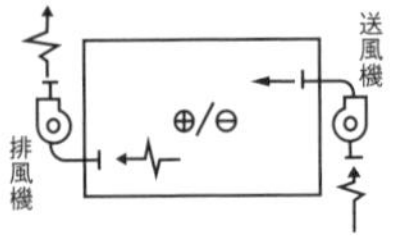	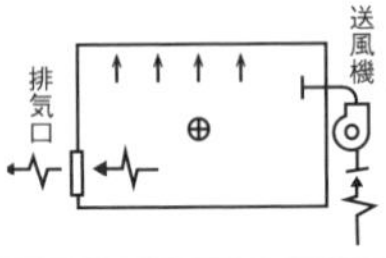	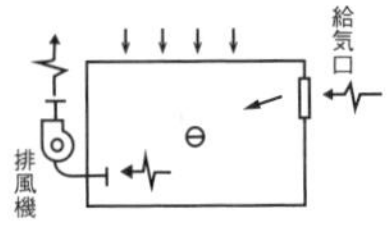
圧力状態	風量により正圧または負圧	大気圧より正圧（＋）	大気圧より負圧（－）
特徴と適用	確実な換気量の確保 大規模な換気装置 大規模な空気調和設備	汚染空気の流入を許さない 高い清浄度が必要な室（手術室等）	汚染空気を流出させてはならない汚染室 （伝染病室、WC等）

住宅内のヒートショックに注意

日本では高齢者が入浴中に亡くなることが多く、欧米と比較すると20倍以上の高率であるといわれています。これは入浴のスタイルが原因で、日本には熱い湯船に浸かる習慣があるためです。脱衣所と湯船のお湯との温度差は夏季には13℃程度と考えられますが、冬季には30℃程度にまで広がってしまいます。この温度差が体に大きな負担を強いることになります。これをヒートショックといいます。冬季に入浴する際の血圧変動について考えてみましょう[図7.4]。暖房された居間から温度の低い脱衣室に移動して服を脱ぎ、裸体で温度の低い浴室に移動する行程の間に、体は熱を逃さないように、血管を収縮する生理反応を起こします。ドクドクと血液が流れている血管が急に細くなることで、血圧が急上昇します。この際に血管が破れ、脳出血を引き起こす可能性があります。さらに、熱い湯船に入ったときには、体は熱を体内から放散させるように血管を拡張する生理反応を起こします。このときに血圧が急下降します。この際に失神してしまうと、そのまま浴槽で溺死してしまう可能性があります。

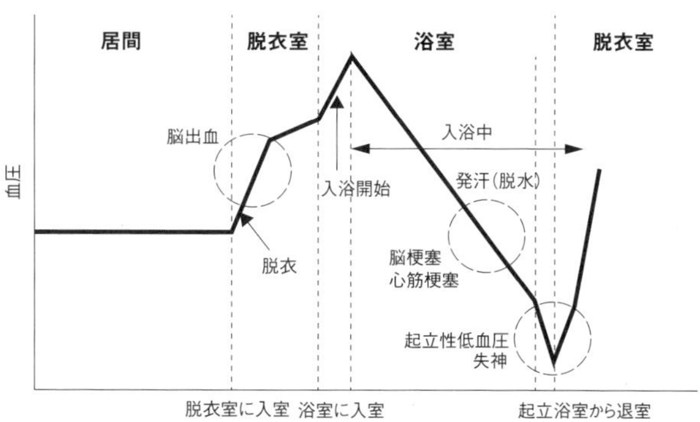

図7.4　高齢者の入浴時の血圧変動例

室温にもバリアフリーを

ガス会社の調査によると、日本での浴室暖房の設置状況は他国とは大きく異なり、かなり低い数字となっています[図7.5]。安心して入浴できるように、特に高齢者のいる家庭での浴室暖房設備の設置が推進されることが望まれています。ヒートショックによる被害は浴室のみではありません。冬の朝寒い時間帯に、早起きの高齢者が暖かい布団から出て寒いトイレに行き、下半身を露出した状態で力むことにより、血圧が急上昇して亡くなってしまう事故も多く発生しています。魔の5時といわれる所以です。ヒートショック防止のためにも、住宅内における温度のバリアフリー化が望まれています。

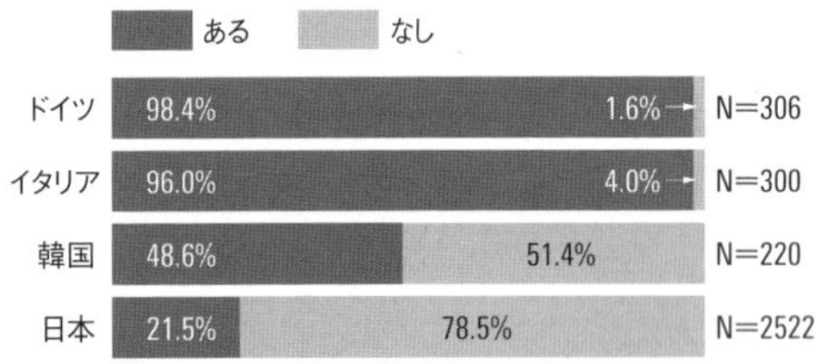

図7.5　浴室暖房の設置状況(ドイツ、イタリア、韓国の場合はトイレ、洗面を伴うバスルーム。1992年。日本は、首都圏浴室暖房乾燥機の所有率。2005年)

参考文献

- 最新 建築環境工学[改訂3版]、田中俊六、武田仁、岩田利枝、土屋喬雄、寺尾道仁著、井上書院、2006
- 環境省HP 環境統計集
- CO_2 EMISSIONS FROM FUEL COMBUSTION HIGHLIGHTS、International Energy Agency
- 公益社団法人 空気調和・衛生工学会パンフレット 環境と空気・水・熱、公益社団法人 空気調和・衛生工学会
- 平成26年 理科年表、国立天文台編、丸善、2013
- 環境省HP オゾン層を守ろう
- 気象庁HP 気象観測データ
- 米国EPA（United States Environmental Protection Agency）HP
- 環境省大気汚染物質広域監視システム「そらまめ君」HP
- 国土交通省住宅局パンフレット、住宅・建築物の省エネルギー基準、平成25年改正のポイント
- エネルギー白書2013、資源エネルギー庁
- 断熱・防湿・防音が一番分かる、柿沼整三、遠藤智行、荻田俊輔、山口温、技術評論社、2013
- 建築設計資料集成 環境、日本建築学会編、丸善、2007
- 初学者の建築講座 建築環境工学 第二版、倉渕隆著、市ヶ谷出版社、2011
- 温熱生理学、中山昭雄編、理工学社、1990
- 空気調和・衛生工学便覧 第14版 基礎編、公益社団法人 空気調和・衛生工学会、2010
- 初学者の建築講座 建築設備 第二版、大塚雅之著、市ヶ谷出版社、2011
- 国土交通省パンフレット シックハウス対策について知っておこう 快適で健康的な住宅で暮らすために 改正建築基準法に基づくシックハウス対策、国土交通省住宅局
- Airborne micro-organisms: survival tests with four viruses, G.J.HARPER, J Hyg (Lond)., 59(4), pp.479–486, Dec 1961
- 健康維持増進住宅のすすめ、栃原裕他著、大成出版社、2009
- 東京ガスHP

Part 2

光・音環境をデザインする

8　建築と光環境

太陽と地球の関係を知る

8章からは建築環境工学分野における光環境について学びます。地球上に到達する太陽からの放射エネルギーは、様々な波長のエネルギーで構成されています。
建築においては、熱や光エネルギーを扱います。8章では、まず太陽と地球の関係から、光エネルギーと熱エネルギーを考察します。

太陽エネルギー

太陽は恒星の一つで、地球を含む惑星、衛星、小惑星、彗星など太陽系を構成する中心となる星です。太陽の表面温度は6000Kといわれ、強い熱放射が行われています。地球に到達するエネルギー量は、太陽が放出している全エネルギー量3.85×10^{26}Wのうち約22億分の1程度です。約70億人といわれている世界の総人口のうちの3人程度と同じ割合と考えれば、太陽が放出する全エネルギーのうち地球に到達するエネルギー量は非常にわずかな量であることがわかります[図8.1]。地球は太陽からの熱エネルギーを受けながら

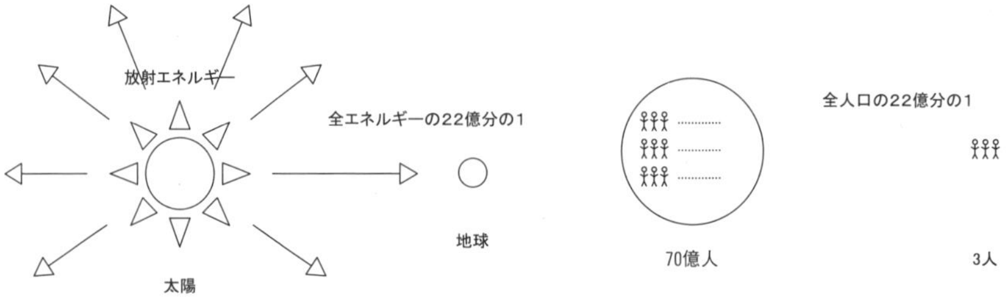

図8.1　地球に到達する太陽からのエネルギー

同時に宇宙に向けて放射エネルギーを放出しているため、地上は一定の温度を保つことができます。
太陽からの放射エネルギーはその波長によって大きくは380nmまでの紫外線、380〜780nmの可視光線、780nm以上の赤外線に分けられます。可視光線は人の目が感じることのできる波長で、光環境に大きく関係します。また、赤外線は熱線で熱環境に関係します[図8.2]。

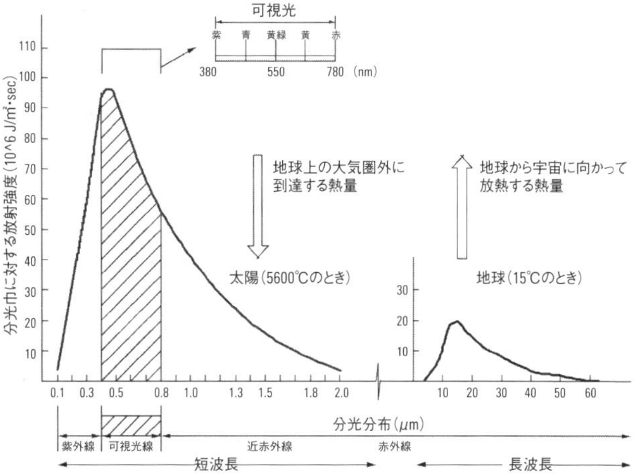

図8.2　太陽放射の波長分布

太陽と地球

地球は太陽の周りを1年周期で公転しています。公転面の公転軸に対して地軸が23°27'傾き、1日周期で自転しています[図8.3]。

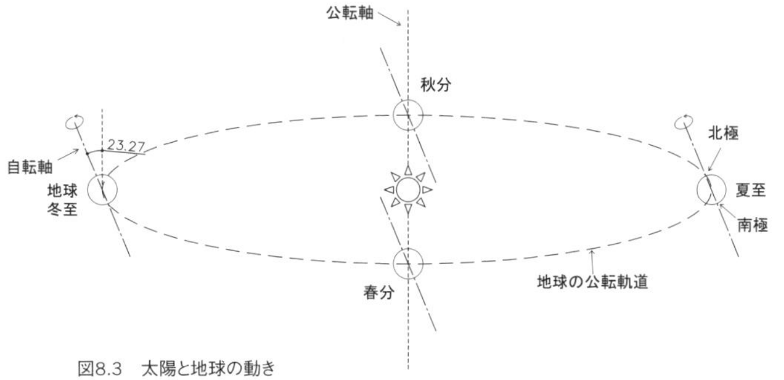

図8.3　太陽と地球の動き

地球上のある点を基準にして、太陽の動く位置を球面上にとらえた球を天球といいます。天球上の北極、南極をそれぞれ天の北極、天の南極とすると太陽の南中を通る線を子午線といい、太陽が真南に来たときを南中、そのときの時刻を南中時といいます。

太陽位置

観測点（O）と天球上の太陽位置を結ぶ直線が地表面とつくる角hを太陽高度といいます。また、観測点（O）と太陽を結ぶ直線の地表面への投影線が正南方向の直線とつくる角Aを太陽方位角といいます。正南から西方向へはプラス、東方向へはマイナスとなります。太陽の位置を表すには、この太陽高度hと方位角Aが必要になります[図8.4]。

天球上の太陽の動きは季節によって異なります[図8.5]。たとえ

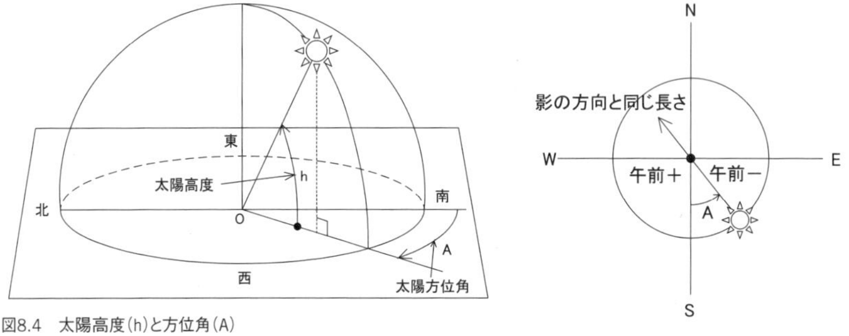

図8.4　太陽高度（h）と方位角（A）

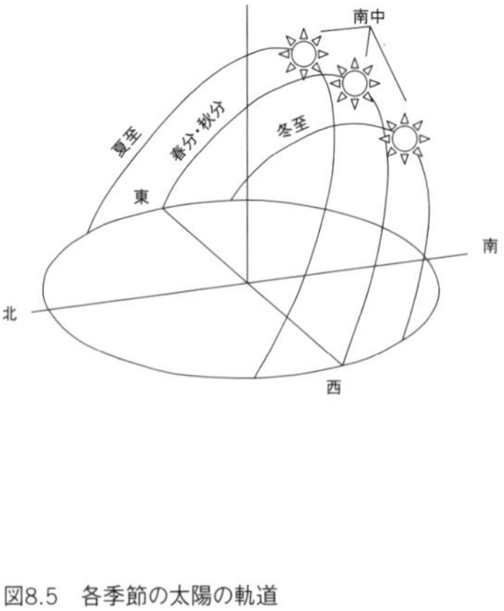

図8.5　各季節の太陽の軌道

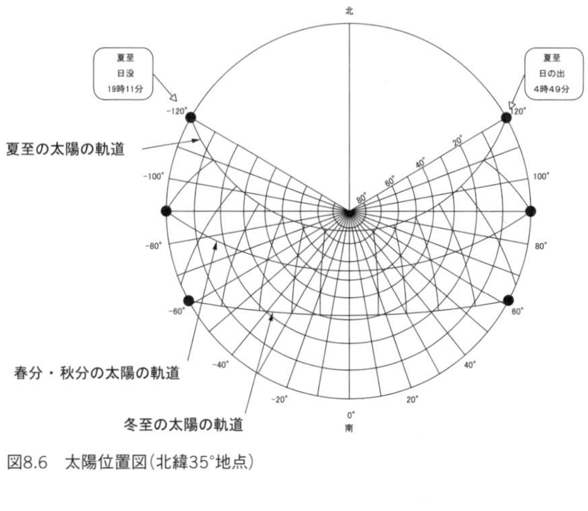

図8.6　太陽位置図（北緯35°地点）

ば、東京は北緯35°41'に位置しますが、各季節の南中時の太陽高度は春分・秋分は55°、夏至は約78°、冬至は31°です。この角度で建物内に太陽の光が入射します。そのため冬の正午は、夏の正午に比べて室内の奥まで太陽の光が射し込むことになります。
季節別の時間ごとの太陽高度、方位角は天球上の太陽の軌道などを平面上に射影した太陽位置図[図8.6]から読み取ることができます。北緯35°の地点における夏至の日の午前10時の太陽高度は60°、太陽方位角は77.8°、夏至の太陽の軌道を見ると日の出は午前4時49分、日没は19時11分です。

日影

建物を計画するときには、その建物がどのような影を落として周辺に影響を与えるかを検討します。日影曲線は、地上に建てた棒がつくる影の軌跡[図8.7~8]を時間ごとに表したもので

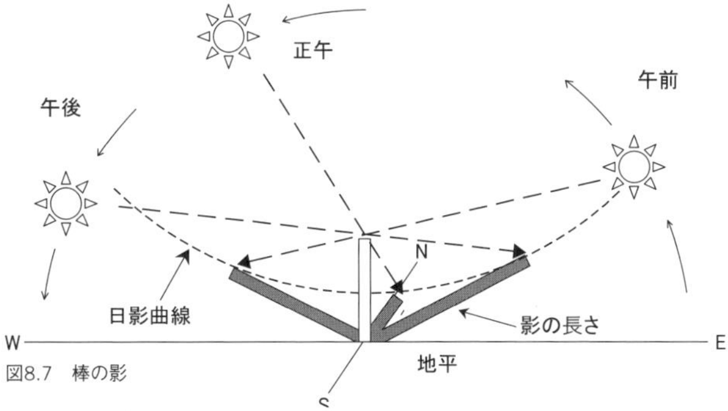

図8.7　棒の影

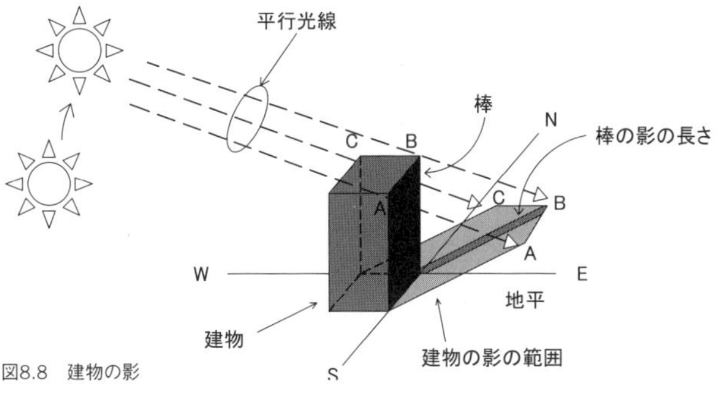

図8.8　建物の影

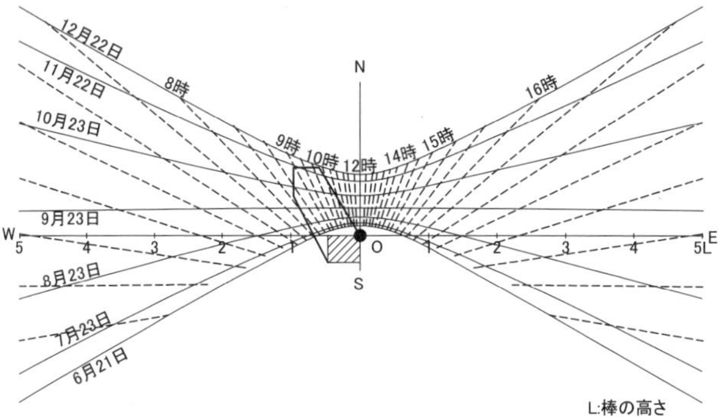

図8.9　日影曲線

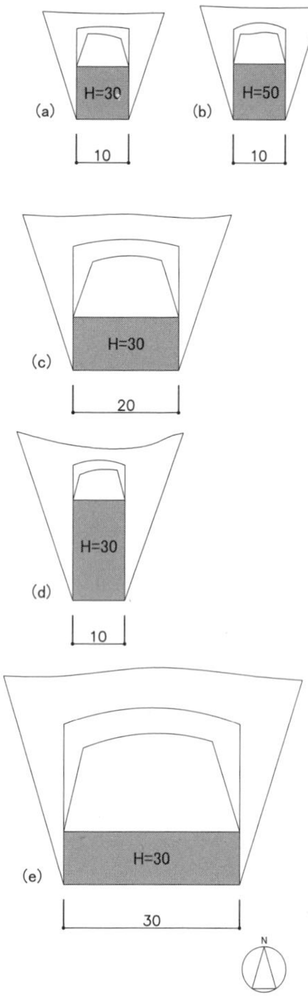

図8.10　建物の形状と日影時間

す。この日影曲線を使って、各時刻の建物の影を確認することができます[図8.9]。

日影の範囲は建物の形状によって変化します[図8.10]。建物平面の規模が同じだと、一定の高さ以上であれば長時間日影の範囲は変化しませんが(a、b)、同じ形状でも東西配置(c)と、南北配置(d)では、東西配置の方が影の影響が大きくなります。さらに東西に大きく配置(e)すると、影は広い範囲で影響を及ぼします。

1日中日影となる部分を終日日影といい、夏至の日に終日日影になる部分を永久日影といいます。永久日影の部分は、1年を通して日影となります。

一定以上の日照を得るために、建物と建物には一定の距離が必要となります。南側に位置する建物の高さhと建物間の

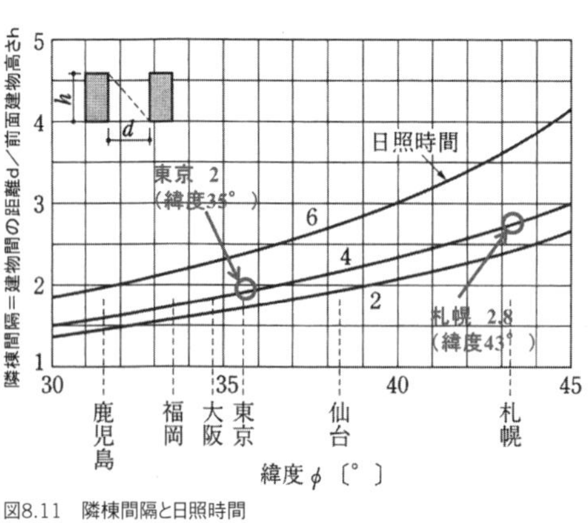

図8.11　隣棟間隔と日照時間

距離Dの比を隣棟間隔といいます[図8.11]。冬至の日に4時間の日照時間を得ようとすると、緯度35°の東京では隣棟間隔は2ですが、緯度43°の札幌では2.8になります。緯度が高くなると隣棟間隔を大きくとらなければ、同じ日照時間を確保できません。

また、二つ以上の建物によってできた日影は複雑になります。南北に建物が隣接する場合は南側の建物によって日影になる時間が比較的短いですが、東西に建物が隣接する場合は日影になる時間が長い部分ができてしまいます。これを島日影といいます[図8.12、13]。

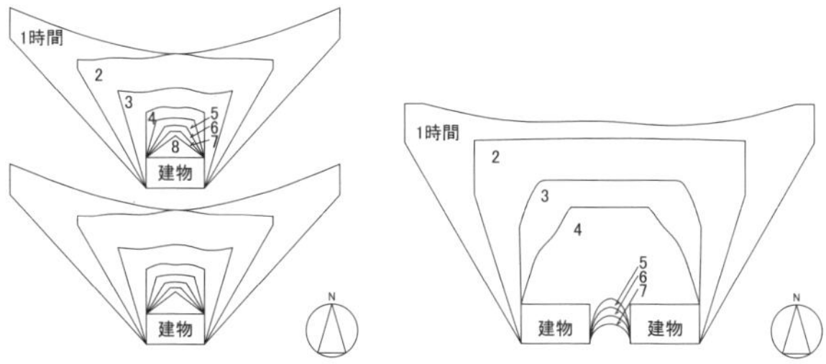

図8.12　建物の配置

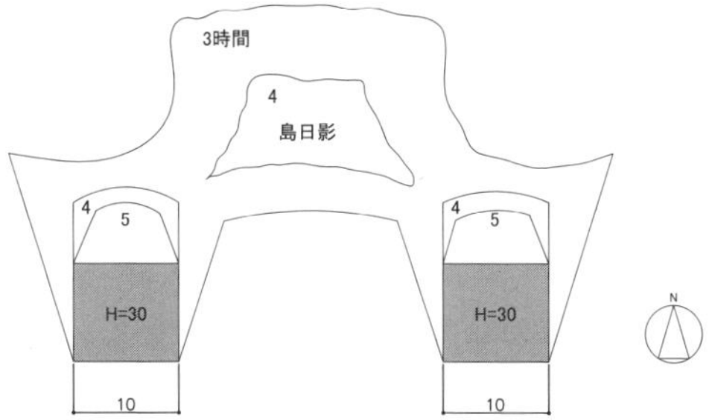

図8.13　建物配置と島日影

視覚と測光量

人の目の構造や視覚の特徴について知ることで、建築の設計において効果的な光環境を計画することができます。

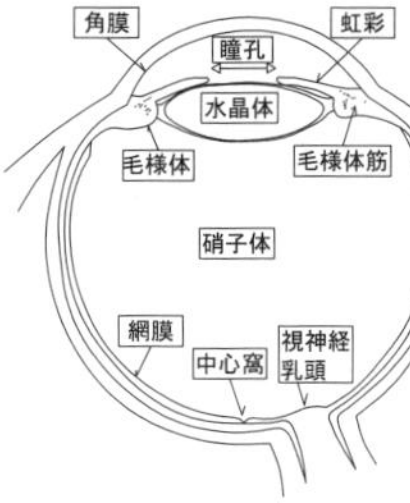

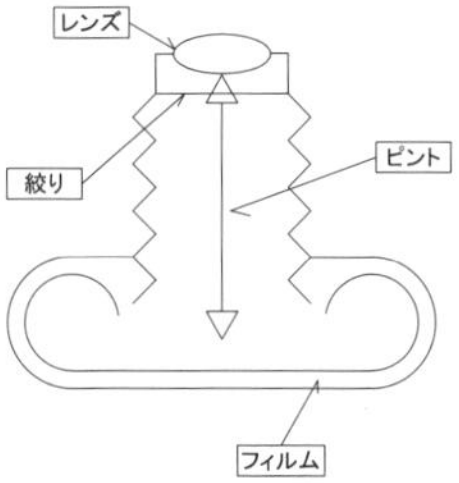

図8.14　目の構造と機能

目の構造

人の眼球はカメラの構造と似ているといわれます。カメラと眼球の機能は、カメラのレンズ＝眼球の水晶体、フィルム＝網膜上の視細胞、絞り＝虹彩、ピントや距離合わせ＝毛様体で、水晶体の曲率調節によって光をとらえることができます[図8.14]。

可視光線の比視感度

太陽放射のうち波長が380〜780nmの範囲を可視光域といい、人の目が感じることのできる波長です。また、人が光の明るさを感じる能力を視感といいますが、短波長から長波長に向かって紫、藍、青、緑、黄、橙、赤の視感があります。この可視光線の波長によって目の感じ方は異なり、この視感を生ずる光の放射束に対する度合いが比視感度です。明るいところでは目の錐状体（明所視）が働き、暗いところでは桿状体（暗所視）が働くという機能があり、明所視では555nmの黄緑色、暗所視では507nmの青緑色が最も明るく感じる波長となります[図8.15]。

夕方暗くなってくると比視感度は長波長から短波長に移り、波長の短い青い色の光の感度がよくなります。このような現

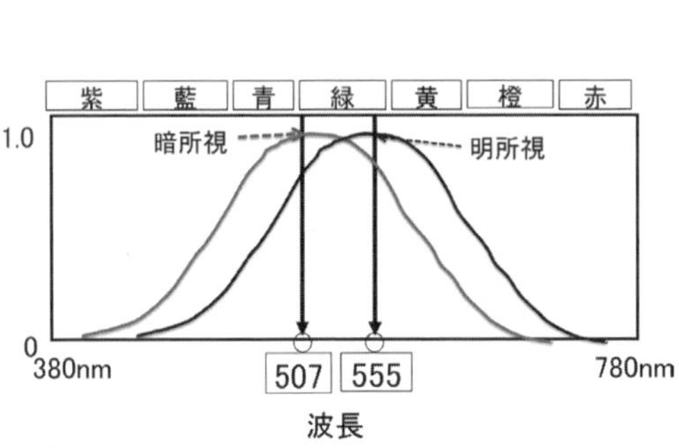

図8.15　可視光線の比視感度

象をプルキンエ現象といいます。たとえば、道路標識の青色は夕方頃暗くなってきてもよく見えるようになっています。

明順応・暗順応

環境や刺激の変化にしたがって反応が変化することを順応といいますが、目は明るさの変化に対して順応します。明るいところに慣れることを明順応、暗いところに慣れることを暗順応といいます。暗順応よりも明順応にかかる時間の方が短いということは、暗いトンネルに入ったときの方がトンネルを抜けたときよりも周りの様子を認識するまでに時間がかかることで経験したことがあるでしょう。明順応では数秒から数分、暗順応では10分から安定するまでに30分といわれています。

測光量

測光量は光を物理的な量としてとらえるための指標です。前節で述べたように、人の目は光の波長によって感度が違います。光束は光の各波長の放射エネルギーと比視感度を掛け合わせて積算した値です。人の目に見える光のエネルギー量で、人の目の感度を考慮した心理物理量となります。
光の代表的な測光量である照度*1は光源によって照らされた面への単位面積あたりの入射光束で、建築の光環境を計画するとき、建物内の用途や作業内容に適した光の量を確保する点で扱いやすく一般的に用いられています。照度計は白い受光部に入射する光束から照度を測定するものです[図8.16]。屋外では10万lx、屋内でも窓近傍では1万lx近くになることがあります。
輝度*2は、ある面をある方向から見たときに目に届く明るさの量を表したものです。視点の位置が変わると輝度の値も変動するため照度のように定量的な目安はありませんが、照度の値と対称面の反射率から輝度を推定することもできます。輝度計はある面の1点をスポットで測定する装置ですが、対象面全体の輝度分布を測定することができる装置もありま

*1——照度(E):単位lx/ルクス

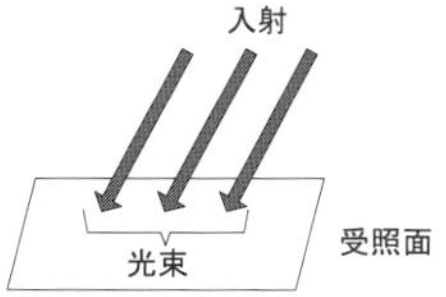

図8.16　照度計

*2——輝度(I):単位cd/㎡/カンデラ毎平方メートル

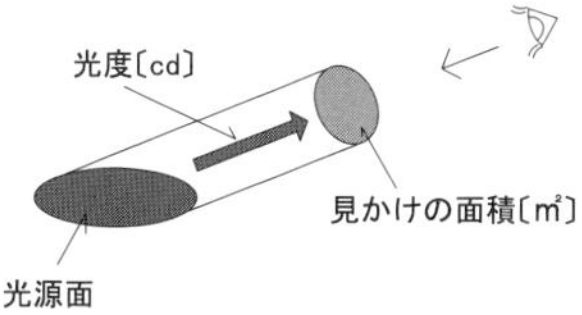

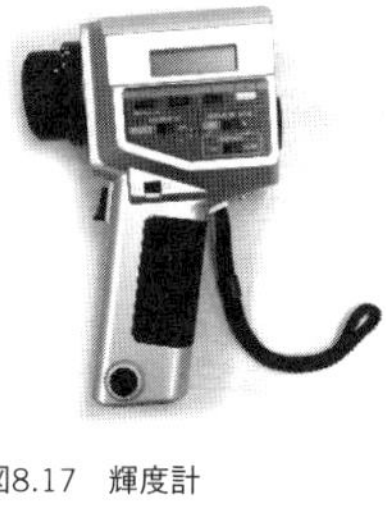

図8.17　輝度計

す。輝度の高い部分が目に入ってくることによる不快な眩しさを不快グレア、輝度の対比が大きい面を見たときに感じる見えにくさを不能グレアといいます。光環境の設計では不快グレアを抑えて、障害を伴う不能グレアを完全になくす必要があります。

光環境を評価する基準としてJIS規格の照明基準総則が用いられますが、この規格は様々な活動が安全で容易に、かつ快適に行える視環境を創造するためのものです。これまでの基準では推奨照度のみを規定していましたが、2010年に照明設計基準と照明要件を規定するものに改訂され(JIS Z 9110:2010)、維持照度*3、照度均斉度*4、屋内統一グレア制限値*5、ランプの演色性評価数*6が室内での作業別の照明要件として示されています。

人の目の順応の状態によっても、知覚される明るさは違ってきます。たとえば、教室において教壇に立つ教師が窓の外に目を向けてその後に教室内に視線を戻すと、高輝度な空の明るさに順応して教室内が暗く見えます。これによって、たとえ教室内の照度が基準値を満たしていても、明るさが足りないと感じて人工照明を点灯することがあります。

照明設計では照明空間での作業や活動に適した明るさとすること、場にふさわしい雰囲気を演出することと同時に、節電などエネルギー消費の観点についても考慮することが求められます。

*3——維持照度(E_m):ある面の平均照度を下回らないように維持すべき照度をいいます。
*4——照度均斉度(U_0):ある面の平均照度に対する最小照度の比です→9章
*5——屋内統一グレア制限値(UGR_l):照明施設に対して許容できる不快グレア評価方法に基づく値の下限値をいいます。
*6——演色性評価数(R_a):光源の演色性を表すための指数で、基準とする光源の照明で見えた色を基準とどの程度のずれがあるか数値化したものです。

9　建築の採光計画

建物内に光を取り込む

窓の機能

自然光を建物内に取り込むことを採光といいます。建物の開口部（窓）から建物内に光を取り入れることができますが、窓は採光の他に様々な機能をもっています。開放感や室内からの眺望の確保による心理的機能、通風や換気による空気質や快適性の向上、防災安全機能として避難や救出のためにも使われます。また、宗教的な形態を表現するための象徴性の機能ももっています[図9.1]。

採光方式

建物はつねに条件のよい敷地に建てられるわけではありません。敷地に余裕がなく隣の建物との距離がとても近かった

図9.1　窓の機能

り、人通りが多く窓からの視線が気になるなど、いろいろな問題が出てきます。
建物の中に自然光を取り込むにはどのような方法があるでしょうか。開口部の大きさ、設置の方位や高さ、ガラスの種類などによって室内に入射する自然光の量は異なり、採光方式にはそれぞれの特徴があります[図9.2]。高い位置にある窓は側窓に比べて光を多く取り入れることができるなど、敷地の立地条件や気候の状況によって採光方式を工夫することで明るく快適な室内環境をつくることができます。また、窓の特徴だけでなく、室内の壁、床、天井面の材料の違いによっても光の反射や透過が変化し、室内の光環境に影響を与えます。
建物のファサードが凹凸のあるいくつものガラスブロックで構成された建物もあります。プラダ東京青山店では、水平方向3.2m、垂直方向2mの標準的ひし形のガラスユニット

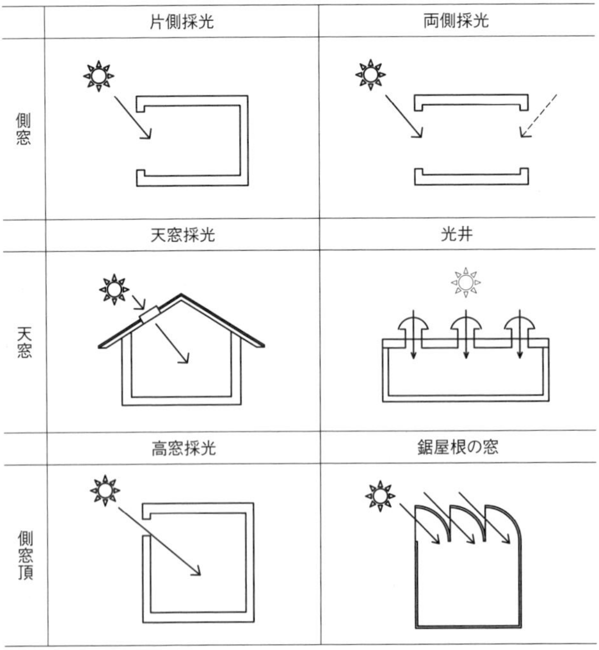

図9.2　様々な採光方式

図9.3　プラダ東京青山店

図9.4　ガラスブロック

図9.5　夜景

を用い、部位によって三次元局面合わせ複層ガラスと平面の合わせ複層ガラスが使い分けられています。昼間はガラスの結晶体のような存在感をもち、夜になって内部の照明が点灯すると、建物全体が煌めき夜の街に浮かび上がります[図9.3〜5]。

自然光と人工光

建築における照明は、太陽や月の光といった自然光と電灯による人工光に分かれます[図9.6]。自然光は時刻や季節によってその明るさや分光分布が変化しますが、演色性がよく、人はその変化を感じることで心理的、生理的な快適性の向上が期待できます。人工光は主に電灯の光をいい、照明器具によって室内を明るくします。自然光は人工照明によるエネルギーを削減できることも利点の一つですが、一方で直射光による眩しさや、天候の変動による明るさの変動、熱の入射による冷房負荷の増大などの課題もあります。

図9.6　自然光と人工光

建物に自然光を積極的に利用することを昼光利用といいます。美術館のような建物においても共有スペースや展示スペースで自然光を利用し、人工照明と組み合わせるなど、効果的な演出と同時に照明用エネルギーの削減を図っています[図9.7〜10]。

都市空間における人工照明は、道路や街路、公園など様々なところで使われています。建築においては建物の外壁をライトアップしたり、ビルの窓やガラス建築の内部からあふれる光によって都市の夜間景観を形成しています[図9.11〜13]。

図9.7　森美術館

図9.8　横須賀美術館

図9.9　横須賀美術館

図9.10 横須賀美術館

図9.11　東京駅とJPタワー

図9.12　国立新美術館

図9.13　東京の夜景

昼光の利用

昼光とは、地表面に到達する太陽の光をいいます。昼光のみを利用すると、つねに一定の明るさを得ることはできず、時間や天候によって室内の明るさが変化します。太陽からの光は直射光と天空光に分かれます。直射光は直射日光として地上に到達する光です。また、天空光は直射日光が大気

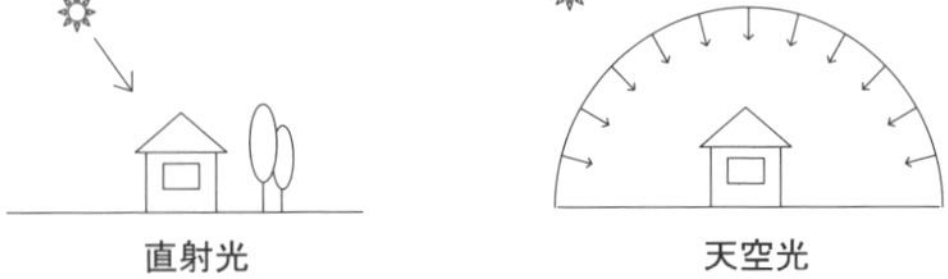

図9.14　直射光と天空光

中の微粒子や水蒸気などによって散乱した青空光と、曇天日に地上に到達する散乱光（曇天光）の二つを合わせたものです[図9.14]。

昼光を利用した設計では、直射光を除く天空光のみの地表面での水平面照度である全天空照度[図9.15]を使います。全天空照度は天候や時間により変動するため、設計では設計用全天空照度が用いられます。特に明るい日は5万lx、明るい日は3万lx、普通の日は1万5000lxです。最低照度の確保のために暗い日の5000lxとするのが一般的です。

昼光率

昼光率は室内のある点の照度に対する全天空照度（直射光を除く）の割合で、直接受照点を照らす直接照度による直接昼光率と、反射などを繰り返して受照点に至る間接照度による間接昼光率の和となります[図9.16]。

$$\text{昼光率}(\%) = \frac{\text{室内のある点での照度}E\,(\mathrm{lx})}{\text{全天空照度}Es\,(\mathrm{lx})}$$

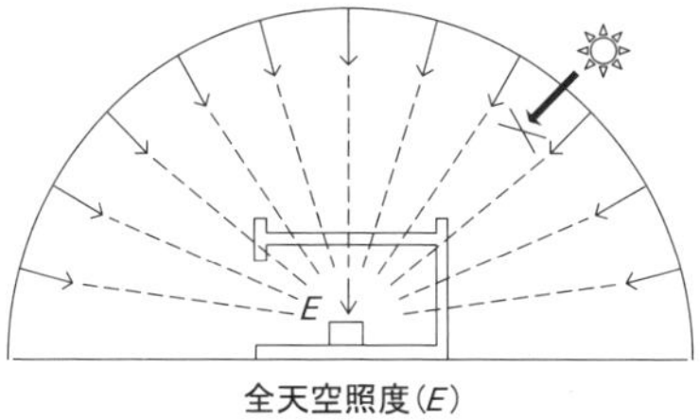

図9.15　全天空照度

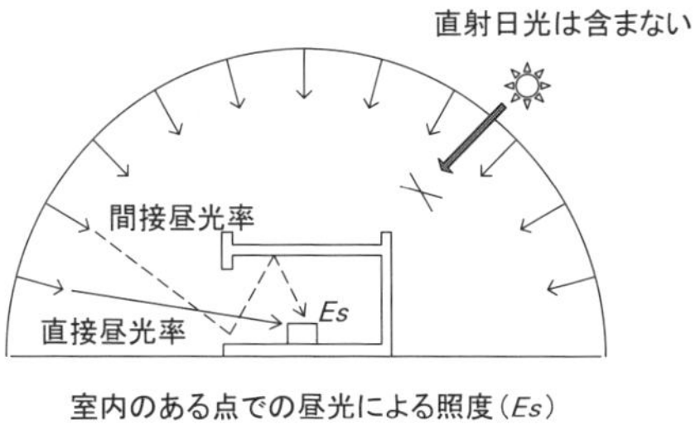

図9.16　昼光率（直接昼光率、間接昼光率）

室内のある点の昼光率がわかると、設計用全天空照度を用いて様々な天空の状態における受照点の照度を求めることができます。室の用途と作業内容によって基準昼光率が定められています[表9.1]。

表9.1　基準昼光率

基準昼光率 %	視作業・行動のタイプ例	室空間の種別例
5.0	長時間の精密な視作業	設計・製図室（天窓・頂側窓）
3.0	精密な視作業（一般製図）	工場制御室
2.0	長時間の普通の視作業	事務室一般、診療室
1.5	普通の視作業	教室一般、学校
1.0	短時間の普通の視作業または軽度の視作業	住宅の居間、台所、子ども室絵画展示美術館
0.75	短時間の軽度の視作業	病院病室
0.5	ごく短時間の軽度の視作業	住宅の応接室、食事室、寝室
0.2	停電の際などの非常用	体育館観客席、美術館

均斉度

オフィスや学校の教室など、執務や作業を行う空間では均一な明るさが求められます。室内の片側にだけ窓がある場合、窓際には直射日光が当たり眩しく感じたり、一方で室内の奥までは光が届きにくく、全体のバランスが悪い状態になります[図9.17]。

図9.17　片側採光の教室

均斉度は、平均照度（または最高照度）に対する最小照度の比で室内照度の均一な状態を表したものをいい、均斉度が高い状態がよいとされます。ライトシェルフ*1や水平ルーバーを利用すると、直射光を遮って天井面に反射させることができ、窓際の照度を抑えて室奥の照度を上げて室内の均斉度が改善されます。

*1――ライトシェルフ:窓の外側または内側に取り付ける水平材で、直射日光を遮り天井面に反射させます。

$$均斉度 = \frac{最小照度\ E_{min}}{平均照度\ E_{ave}（または最大照度\ E_{max}）}$$

人工光

人工光源による照明（人工照明）は、昼光と違って均一な照明環境を実現することができます。人工照明方式には室内の天井に均等に配置し、作業面での照度を均等にする全般照明方式と、視作業する場所だけを明るくしたり、陰や立体感などによって空間を演出する間接照明方式があります。

光源の種類は、発光原理によって温度放射とルミネセンス*2に分けられます。白熱電球、ハロゲン電球は温度放射によるもの、蛍光ランプ、HIDランプといわれる蛍光水銀ランプやメタルハライドランプ、高圧ナトリウムランプなどはルミネセンスによるランプです。最近では半導体を用いたLED（発光ダイオード）*3が建築の照明にも多く使われるようになり、照明エネルギーの削減に大いに役立っていますが、LEDの発光原理もルミネセンスによるものです。

人工照明による心理的効果は、照度や明るさだけでなく、光源となるランプの光色や演色性によっても変わってきます。

光源の光色は色温度によって表すことができます。色温度は黒体を熱して温度を高めていくと、黒から黒赤色→赤色→オレンジ色→黄色→白色→青白色と変化していきます。この黒体の色と等しい、または近い色度*4が光源の光色の色温度（単位K/ケルビン）となります。赤みがかった色は色温度が低く、青に近いほど色温度が高くなります。人工光源と昼光光源の色温度と光色は特に澄んだ北西の青空光が2万5000K、昼光色蛍光ランプは6500Kで青みがかった色で、日没の夕陽やろうそくの炎は2000K前後です。

照度との関係を見ると、たとえば色温度が高い青白い色の蛍光灯の場合は照度が高い方が快適な環境と感じられ、照度が低いと薄暗い印象になります。一方、白熱電球や電球色蛍光灯など、ろうそくの灯りに近い色温度の低い光は、照度が低い環境でも落ち着いた雰囲気をつくることができます［図9.18］。

*2——温度放射とルミネセンス：温度放射は、高温物体が温度に応じて光を放射することです。ルミネセンスは、ある温度において物体からの熱放射によるもの以外に、ある波長または限られた波長範囲で電磁波を放射する現象をいいます。

*3——LED:Light Emitting Diode

*4——色度：色の三刺激値（*XYZ*表色系など三色表色系における色刺激に等色するために必要な原刺激*X*、*Y*、*Z*の量）を基にした心理物理的性質をいいます。

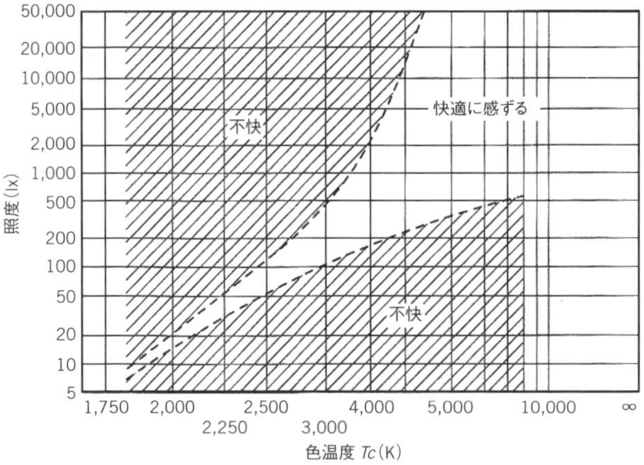

図9.18　色温度と照度の関係

建築化照明

建築化照明は、照明器具やランプを建築物の一部に組み込んだり、隠したりして建築物と一体化した照明手法です。天井や壁などを反射板や透過板として利用します。

光天井は天井面に光源を取り付けて、その下面に乳白のプラスチックパネルなどの拡散板を設置する照明手法です。照度が低いと曇り空のような暗い感じになるため、光天井は高照度で設計するような場所に使われることが多いですが、美術館などの展示室においても使用されています[図9.19]。

天井面に光を照射するコーブ照明は、室内を柔らかな雰囲気に演出します[図9.20]。壁面や窓のカーテンなどに対して光を下方向に照射するコーニス照明は空間に広がりをもたせることができます。バランス照明は光を上下に照射して天井、壁面を照射します[図9.21]。住宅や商業施設で多く見られるダウンライトは天井に埋め込まれる小型の照明器具で、天井面をフラットにできるため空間全体がすっきりとした印象になります[図9.22]。

建築化照明は、照明器具の存在を感じることなく、グレアの制御、光の空間配分や空間の演出、デザイン面で優れた照明方式といえます。

図9.19　光天井

図9.20　コーブ照明

図9.21　バランス照明

図9.22　ダウンライト

光環境と省エネルギー

自然光の積極的利用と熱環境とのバランス

日射と日照

太陽から放射されるエネルギーのうち、日射とは太陽から地上に到達した放射エネルギーで、建築の分野においては熱取得など主に熱に関するものを扱います。
日照は太陽の直射光が地表面を照射することをいい、光の効果や保健衛生面での効果に関するものを扱います。
それでは日射や日照は、実際には建物や人にどのような影響を与えているのでしょうか。
植物の生育や栽培、カビやシロアリの発生防止、紫外放射の殺菌作用、自然の光による周期的な生体リズムの保持などがプラス面として挙げられます。建築では昼光照明として利用するほか、冬季は日射熱の利用によって暖房エネルギーを削減することができます。一方で、夏季は日射熱の侵入によって冷房負荷が増大したり、紫外放射による日焼け、皮膚の老化、発がん作用、内装材や家具の色あせといったマイナス面もあります。

建物と日射

建物に光を取り入れるには、採光を必要とする場所にガラス窓を用いるのが一般的でしたが、現在は開口部だけでなく、外皮全体がガラスで構成された建物も多く見られます。明るさや開放感、自然光の利用に加えて、デザインの美しさなど意匠的な面からも建物により多くの光を取り入れることが求められてきたといえます。

しかし、建物の透明性が高まるとともに、室内空間は外部環境の影響を直接受けやすくなります。夏は過剰な日射によって室内に入る熱、冬にはガラスを通して逃げる熱などが問題となってきます[図10.1]。

図10.1　鬼石多目的ホール

日射遮蔽

夏季は、日射遮蔽によって室内に流入する日射熱を抑えて冷房エネルギーを削減することができます。日射遮蔽には落葉樹など樹木による調節と、軒や庇、水平ルーバー、オーニングなどの部材によって日射を遮る方法があります[図10.2]。樹木による調節により夏には茂った葉で日射を遮り、冬は葉が落ちて室内に日射を取り込むことができます。日射遮蔽部材を室内側に設けた場合、日射は窓を透過して部材表面に当たるため、熱の大部分は室内側に放熱されます。そのため、部材を屋外側に設けた方が日射遮蔽効果は高くなります。

軒・庇	ルーバー	オーニング

夏の日射を遮り、冬の日射を室内に取り込めるような寸法関係を求める。水平庇は太陽高度が高い南面の日射遮蔽効果が高い。	細長い板（羽板）を枠組みに合わせて平行に組んだもの。垂直袖壁は太陽高度が低い時間帯が受照面となる西面と東面に効果がある。ボックス型、格子ルーバーなども効果的。	外壁の窓上部に取付ける可動式の日除け。外気の変化に合わせて、日除け部の出入れが可能である。テント生地製が一般的で、形状、出寸法、電動・主導の違いなど多種類ある。
ブラインドシャッター	ブラインド	ロールスクリーン

ブラインドとシャッターの機能を併せ持つ。ルーバーの角度を調整して、シャッターを閉めたまま通風、採光の確保ができるため、防犯上も有効である。	同じブラインドでも室内側に設けるより、外部にブラインドを設けた場合の遮蔽効果は大きい。	室内側にブラインドの変わりに布製のロールスクリーンあるいはカーテンを組み合わせる。ブラインドとほぼ同じ遮蔽効果がある。

図10.2　日射遮蔽部材

日射取得(ダイレクトゲイン)

冬季の日射取得は、暖房エネルギーにプラスに働きます。南面する窓や高窓から日射を入れると、室内の床や壁の表面温度*1が上昇して熱が吸収され蓄熱します。夜間になると、蓄熱部位の表面から放熱が始まり、室温の低下を防ぐことができます。蓄熱材には、コンクリートやレンガなど熱容量*2の大きい材料を用います。また、蓄熱量を増やすには、厚さを増すよりもできるだけ広い範囲に日射を当てて表面積を増やす方が効果的です。

*1——表面温度:物体表面の温度をいいます。物体と物体の周りの流体(空気、水など)の熱伝達と物体内部の熱伝導によります。

*2——熱容量:物体の温度を単位温度上昇させるのに必要な熱量をいいます。熱容量の大きい材料は熱しにくく冷めにくい性質があります。熱容量(kJ/K)=容積比熱(比熱×密度)×壁の体積

ガラス建築

建物の外皮の大部分にガラスを使った建物は、一般にガラス建築とよばれています。室内に光を多く取り入れることができる建物の代表として、ガラス建築を例にとって日射と日照の関係について話を進めてみましょう。

ガラスは、その透明性によって開放的な空間と美しいデザインファサードの実現が可能な材料として、現在では高層のオフィスビルから低層のビル、住宅に至るまで数多く建てられています。

ガラスは耐久性に優れており、熱伝導率*3や膨張性が低く、絶縁性、適度な遮音性がある材料です。過度な応力を受けると一気に破壊する危険性がありますが、特殊なフィルムなどを除いて、人体や環境に影響を与える有害物質などを含まず、資源の再生も可能です。ガラス面の汚れも清掃によって落としやすく、メンテナンス性も優れています。

しかし、建物の透明性が高まると、室内環境は過剰な日射や日照など外部環境の影響を直接受けやすくなります。夏は日射による冷房負荷*4が大きくなり、冬は内外温度差による暖房負荷*5が大きくなることで、いずれも電力や燃料コストの増大につながります。透明性、清潔感、耐久性といったガラスの特性を生かしつつ、エネルギー消費を少なく、建物内の快適性を維持することが重要です。

*3——熱伝導率:建築材料などの内部を高温部から低温部に流れる熱の伝えやすさを表す値です。単位:W/m・K

*4——冷房負荷:ある室内を冷房して設定する温度や湿度を維持するために必要な除去すべき熱量のことです。

*5——暖房負荷:暖房によって室内の温度や湿度を維持するために必要な供給すべき熱量のことです。

ガラスの熱取得

実際にガラスを通した熱取得はどのくらいになるのでしょうか。太陽からの放射エネルギーはガラスを透過して室内に入り、不透明材料や半透明材料に当たると、その表面で一部は反射し、残りはその表面で長波長となって、それが熱となります。ガラスの種類によって光や熱の特性が異なり、可視光は光の特性、日射は熱の特性を表しています。可視光透過率の高いガラスは室内への光の流入は十分ですが、ガラスを使用する部位、方角など日射熱に対する検討が必要となります[表10.1]。

表10.1　ガラスの光特性、熱特性

ガラス種類	厚さ(mm)	可視光(%)			日射(%)	
		反射率	透過率	反射率	透過率	吸収率
フロート板ガラス	6	7.9	89.4	7.2	81.5	11.3
熱線吸収板ガラス	6	5.4	43.9	5.4	45.8	48.8
熱線反射ガラス	6	33.5	62.8	23.0	64.8	12.1
高遮蔽性能熱線反射ガラス	6	41.0	8.1	33.8	7.3	58.8
断熱複層ガラス　FL3+A6+FL3	12	14.8	82.8	13.5	75.7	10.8
高断熱複層ガラス　FL3+A6+Low-E3	12	16.3	72.0	26.4	53.4	20.2
高遮熱断熱複層ガラス　Low-E3+A6+FL3	12	11.9	69.4	33.0	38.1	28.9
真空ガラス　Low-E3+真空層0.2+FL3	6.2	13.2	73.5	18.3	60.3	21.4

*FL:フロート板ガラス、A:中空層、Low-E:低放射ガラス(外気側から表示)

6㎜厚フロート板ガラスの場合、室内側での熱取得は81.5%になり、これが室内の熱負荷となります[図10.3]。高断熱複層ガラスは、Low-E*6とよばれる低放射膜を複層ガラスの中空層の室内側に貼ることで、高い断熱性能を得ることができます。遮熱断熱複層ガラスは、可視光の透過率を約70%に保ちながら室内への流入熱量を約40%に抑えることができる高機能ガラスです[図10.4、5]。暖房負荷を抑えたい寒冷地においても、トリプルLow-E*7ガラスを使って、大きな開口部を設けた住宅もあります[図10.6]。

*6——Low-E:Low Emissivity

*7——トリプルLow-E:Low-Eガラスを3層にした高断熱複層ガラスです。

図10.6　窓ガラスにトリプルLow-Eを使った寒冷地の住宅

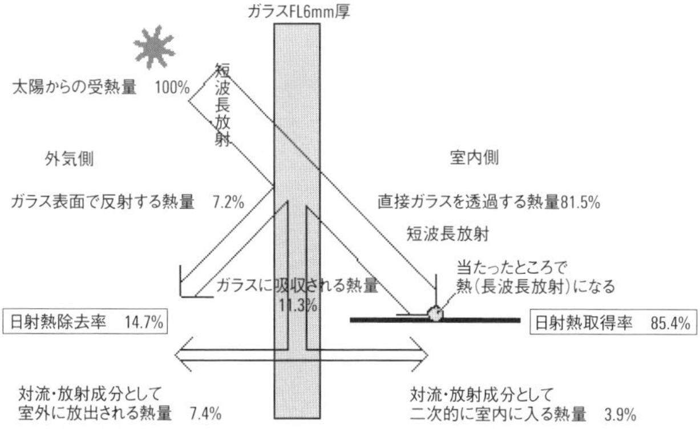

図10.3　ガラスの熱取得/6mmフロート板ガラス

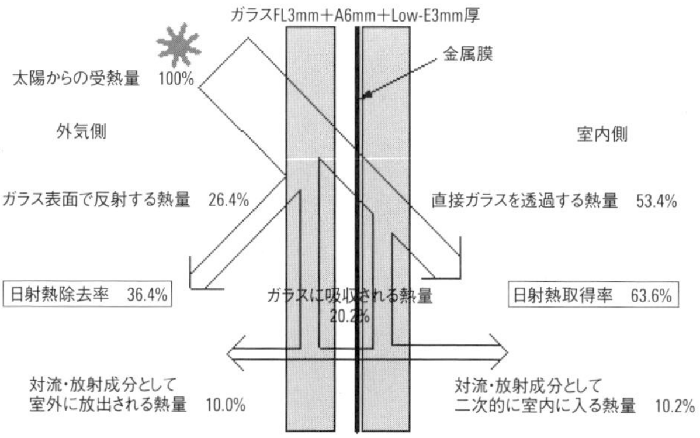

図10.4　ガラスの熱取得/高断熱複層ガラス

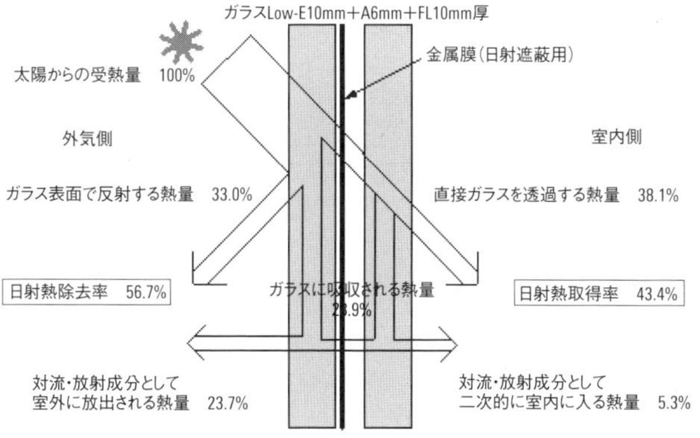

図10.5　ガラスの熱取得/遮熱断熱複層ガラス

ガラス建築の環境制御システム

室内空間の外周に面した部分（ペリメータゾーン*8）は季節や時間、気候など外部環境の影響を受けやすく、ペリメータゾーンの熱負荷は日射や外気温度の影響を受けて1年を通して変化します。ガラス建築においては、その影響がさらに大きくなります。

*8――ペリメータゾーン：下図に示す斜線部分をいいます。ピロティのある場合、その最下階と最上階の外皮に接する部分とし、通常、基準階では外壁からの奥行き3〜7mの範囲としています［図10.7］。

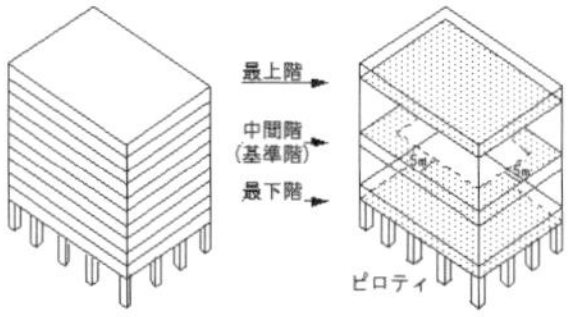

図10.7　ペリメータゾーン

ペリメータゾーンの熱負荷を低減する方法として、遮熱、断熱性に優れた高性能ガラスや日射遮蔽部材など建築的手法を用いますが、それだけでは熱負荷を十分減らせないこともあります。そのためペリメータレス方式といわれるガラス面からの透過日射や通過熱、放射熱を処理して空調機を設けない方式が用いられます。夏季は日射の熱除去、冬季は断熱性能の向上によって熱負荷を削減する手法です［図10.8］。

ペリメータレス方式には、ダブルスキン、エアフローウィンドウ、簡易エアフローウィンドウ、エアバリアなどがあります。ダブルスキンは建物外周部に熱緩衝空間を設けて空気を循環させ、二重ガラス内に生じる温度差による自然対流*9で通風を行います。ガラス建築ではカーテンウォール*10を二重化して、ダブルスキンによるガラスファサードを実現しています［図10.9］。エアフローウィンドウ方式は、送風機によって二重ガラス内に室内空気を通します。簡易エアフローウィンドウは室内側に窓を設けず、内付けブラインド窓とファンを組み合わせた窓システムです。エアバリア方式は室内側にガラス

*9――自然対流：流体の温度差に伴う浮力によって流動します。送風機など、強制的に機械で起こすことを強制対流といいます。
*10――カーテンウォール：建物の柱や梁を構造上の主体とし、構造耐力上の負担がない非耐力壁のことです。

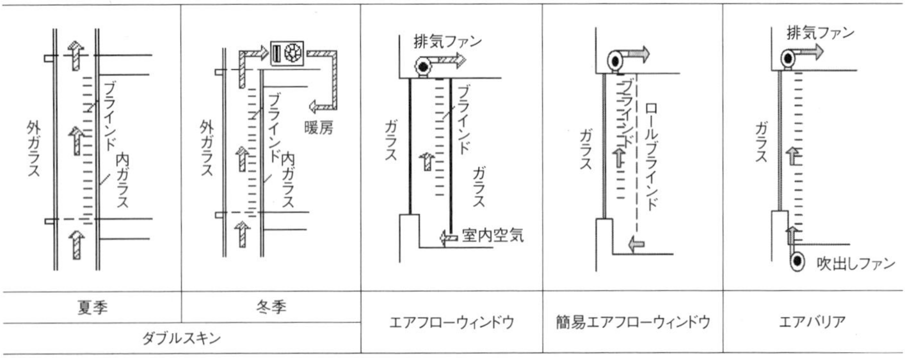

図10.8　ペリメータレス方式

を設けず、ガラス面とブラインドの間に上下の空気の流れをつくります。給気と排気ファンを用いて、空気を下部から吹き出して上部で吸い込む気流によるバリア効果で熱負荷を除去します。

このようにたくさんの光を室内に取り入れながら、同時に熱負荷を低減する建築的な工夫、自然エネルギーの利用とあわせたシステムによって、室内の居住域の光環境と温熱環境を快適に保つことができます。

図10.9　ダブルスキン(関東学院大学大沢記念建築設備工学研究所)

省エネルギーな照明方式

事務所建築などの照明に採用される照明方式にタスク・アンビエント照明があります。快適な光環境を保ちながら照明用のエネルギー消費量を削減するための手法として、室内全体の環境照明(アンビエント照明*11)と作業面の照明(タスク照明*12)を分けて、それぞれに適した光環境を形成します[図10.10]。アンビエント照明は、全般照明方式よりも求められる照度が低く、室内空間の明るさ感を確保することが求められます。人はある面に光が入射し、その光が反射して目に入ったときに明るさを感じるため、ある面への光の入射を示す照度よりも反射光の量として輝度の分布が重要となります。そのため、空間を構成する壁や天井面等の材料に配慮する必要があります。タスク照明では作業のために支障のない安定した光が求められます。

*11——アンビエント照明:ambient lighting

*12——タスク照明:task lighting

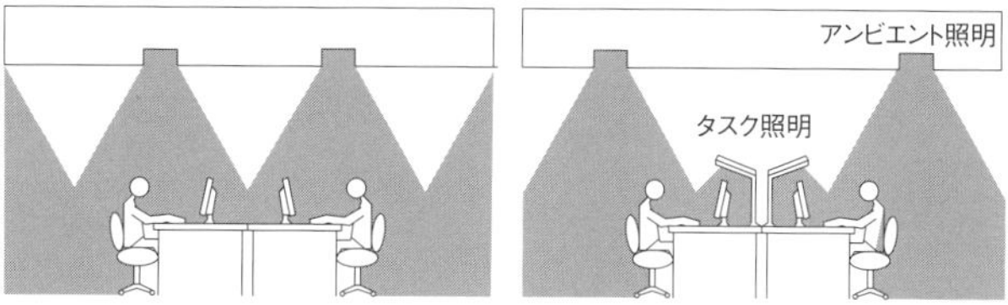

図10.10　タスク・アンビエント照明

調光センサによる照明システム

図10.11は美術館展示室の光天井です。昼光を利用しながら、調光センサによって人工照明を併用するシステムです。屋根面のトップライトから自然光が入射し、天井裏のセンサによってトップライトのガラス面照度レベルを検知して、蛍光灯の調光レベルの信号を発信します。照度レベルが設定レベルに達していれば蛍光灯は消灯します[図10.12]。

図10.11　美術館展示室(金沢21世紀美術館)

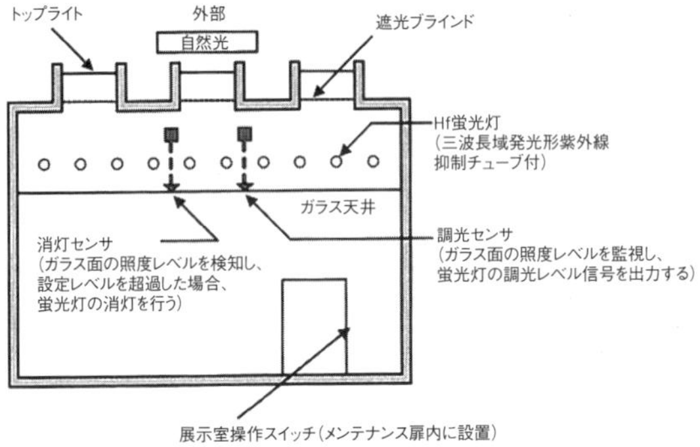

図10.12　調光センサを利用した照明システム

建築と音環境

建物内の快適な音環境をつくる

人間の聴覚

*1——人の五感:視覚、聴覚、触覚、味覚、嗅覚

人間の五感*1のうち視覚による情報が9割近くを占め、ほとんどの情報を視覚に頼っているといえます。しかし、光がなければ視覚による目からの情報を得ることができません。音は目には見えませんが、聴覚により周囲の音を聞き分けて状況を把握することができます。

人の耳の構造は、耳介で音を集音し、外耳を通って鼓膜を振動させます。振動は中耳から内耳の蝸牛に伝わります。蝸牛の内部にある基底膜に振動が生じて、基底膜に沿って並んでいる有毛細胞によって信号が生じ、聴覚神経から脳に伝達されて音として知覚されます[図11.1]。

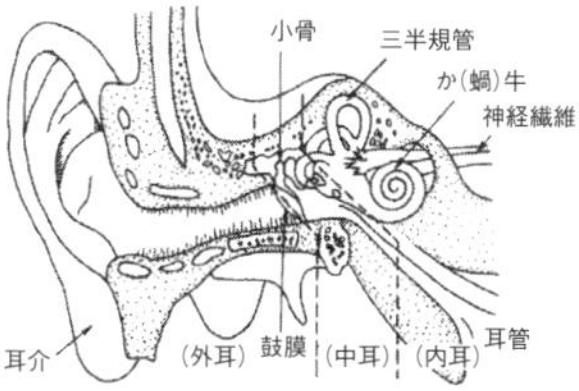

図11.1　聴覚の感覚器官断面図

建築空間における音環境

建築空間は光、熱、空気、水、音などの様々な環境要素によって形成されています。環境要素の物理的な要因が生理的、心理的な要因と関わって快適性に影響しています。たとえば、室内のカーテンの色が暖色系のときは暖かく、寒色系のときは涼しく感じたり、風鈴の音を聞くと涼しく感じることがあります。このように視覚や聴覚が暖かい、涼しいといった温冷感や熱的な快適性に影響を与えています。

音は他の環境要素と比べると、環境負荷の低減やエネルギー削減といったことに直接は関わりませんが、建築空間の質を向上させるためには不可欠な要素となります。

室の用途によって、求められる音環境は違ってきます[表11.1]。

表11.1　室用途と要求される音響性能

建物用途	騒音・振動の防止							室内音響				電気音響		
	外部との遮音	隣戸隣室との遮音	床衝撃音の遮断	吸音処理	空調騒音の低減	給排水騒音の低減	設備機器の防振	室形状容積の検討	残響調整	音響効果の検討	エコーの防止	拡声	一般放送	音楽の演奏再生録音
戸建住宅	○													
集合住宅	○	◎	◎			○								
ホテル	○	◎	○		○	○	○						○	
ホール	○	○			◎		○	◎	◎	◎	◎	◎	○	◎
体育館	○							○			○	◎	○	○

戸建住宅では外部からの遮音、集合住宅では隣接する居室とのプライバシー確保のための遮音、床衝撃音の防止、給排水設備の防音や設備機器の防振、ホテルでは客室間の遮音が求められ、いずれも静穏な睡眠環境の確保のための遮音設計が重要となります。まずは建物内外の騒音、振動に対する遮音、防振、空調による騒音に対する減音の対策が必要となります。また、劇場やホールでは、音を生かすための音響設計や電気音響設備が重要です。

生活環境と音

日常的な生活の中でも様々な音が発生しています[図11.2]。住宅の外では飛行機のジェット音や車の騒音、エアコンの室

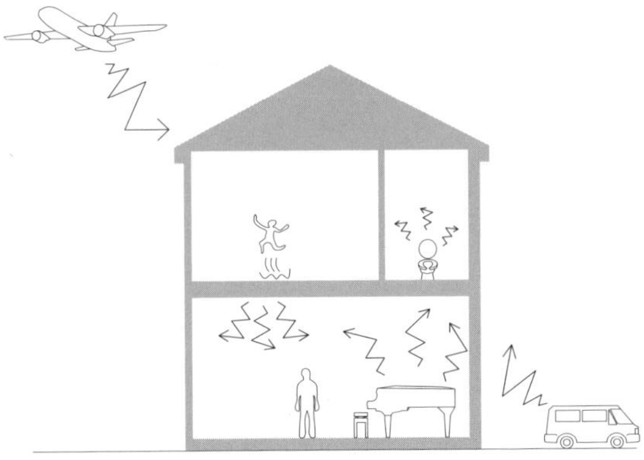

図11.2　生活環境と音

外機の音、室内では話し声や赤ちゃんの泣き声、テレビやスピーカー、ピアノを演奏する音、子どもが飛び跳ねる床の衝撃音、キッチンのシンクやトイレ等からの排水音です。これらの音は窓や壁を通して外部から室内へ、または間仕切り壁や床を通じて隣接する部屋に伝わります。集合住宅などでは、このような生活音に対する不満が隣人とのトラブルの原因にもなります。

横浜市を例に挙げると、日常生活における騒音に関する相談のうち生活騒音に分類される内訳は、マンションなどの集合住宅で上下階の物音が約30%を占め、エアコンや給湯器等の設備音15%、楽器の音が11%となっています[図11.3]。

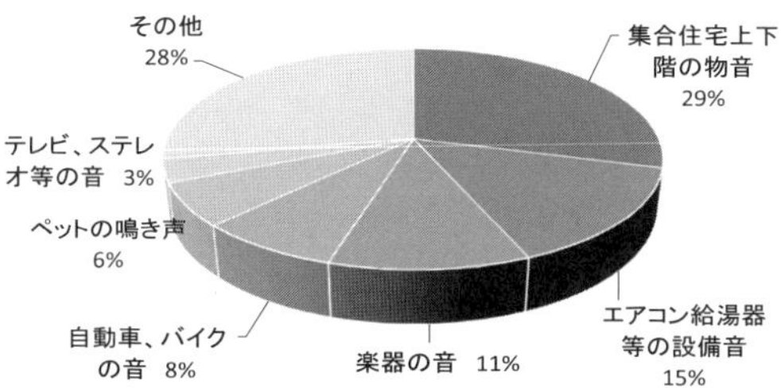

図11.3　生活騒音の苦情（横浜市2008〜12年）

音の伝わり

音は音源から放たれた振動が、空気や固体などを通して音の進む方向に向かって空気が振動することで伝わります。これを音波といいます[図11.4]。また、音源から放射された音は

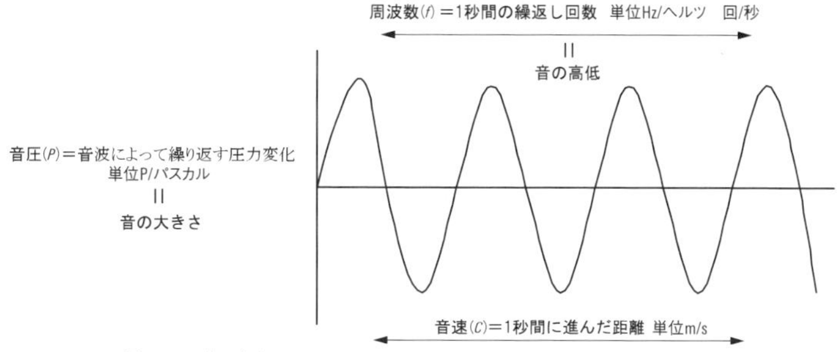

図11.4　音の伝わり

拡散するため、音の強さは音源から離れるにしたがって次第に小さくなります。また、1秒間に音圧*2が変化して進んだ距離を音速*3といいます。音速は温度に関係し、温度が高くなるほど音速は速くなります。空気中を進む音の速さは常温(15℃)で340m/sです。

*2——音圧(P)単位Pa/パスカル:音波によって繰り返す圧縮・膨張の圧力変化をいいます。
*3——音速(C)水中の音速1460m/s、固体中の音速3000〜5000m/s

音の三要素(音の大きさ・高さ・音色)

実際の音の強さをエネルギーに換算したものが物理量であり、人間の耳に感じる音の大きさが感覚量になります(ウェーバー・フェヒナーの法則*4)。音圧が2倍になっても音の感覚的な大きさは2倍にならず、対数に比例します。
人間の聴覚に関する感覚的な要素は、音の大きさ、音の高さ、音色とされています。
音の大きさ(ラウドネス)は、音のエネルギーの大きさが感覚に対応した物理量であり、強い音*5ほど大きな音として感じます。また、同じ強さの音であっても周波数*6によって違った大きさの音に聞こえます。
ある音の周波数を変化させて、同じ大きさになる音圧レベル*7を等高線で結んだものが等ラウドネス曲線[図11.5]です。ラウドネスレベル40phonのとき、周波数1000Hzの音の音圧レベルは40dBですが、100Hzになると63dBとなります。周波数が低くなると、強い音を出さないと同じ大きさに聞こえま

*4——ウェーバー・フェヒナーの法則:「人間の感覚は、刺激として与えられた物理量の対数に比例する」という関係を示した法則です。
*5——音の強さ(I)単位W/㎡:音の進行方向に対して単位時間、単位面積当たりの音のエネルギー。音の強さのレベル(IL)はdB/デジベルで表示します。
*6——周波数(f)単位Hz/ヘルツ:1秒間に音圧の変動を繰り返した回数で、人間の耳は、20Hz〜2万Hzの音を聞くことができ、同じ音の大きさでも、周波数によって異なった大きさに聞こえます。
*7——音圧レベル(SPL)単位dB/デジベル:音圧の2乗が音の強さに比例します。

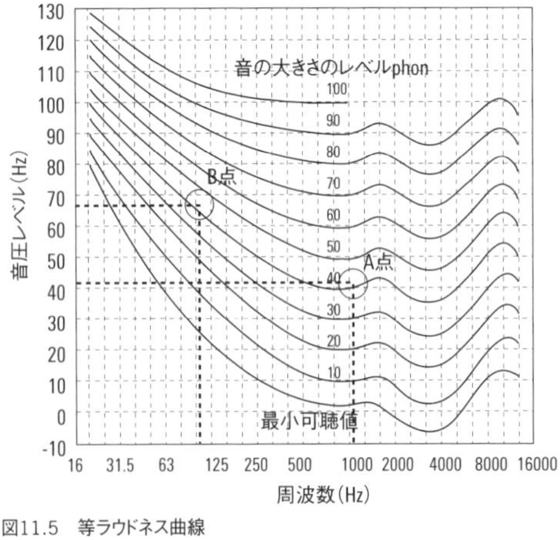

図11.5　等ラウドネス曲線

せん。

音の高さは、音の周波数によって決まります。1秒間に波打つ回数が少ない（周波数が低い）と低い音となり、回数が多い（周波数が高い）と高い音となります。ある音の周波数が別の音の2倍の周波数であると、その音は1オクターブ上の音程、つまり異なる高さの同じ音となります。たとえば、周波数261.6Hzの「ド」の1オクターブ上の音程である「ド」は、周波数が2倍の523.2Hzです。また、高周波の音は、低周波の音よりも空気中に吸収されやすい性質があります。

音色は、音圧と周波数が同じでも、音波の波形に相当します。音の波形は単一の周波数のみの純音や、楽器の音のように複数の純音によって構成されたものがあります。波形は複雑でも、規則性がある楽器特有の波形があります。また、雑音といわれる非周期波形の音は、同じ波形の再現性がない状態をいいます。

騒音

同じ音でも、心地よい音か、不快な音に感じるかは聞く人によって様々です。ある音が聞こえた人にとって嫌な音、邪魔な音に感じると、その音は騒音となります。会話の妨害、さらには睡眠妨害など様々な障害を生じます。さらに、長期間にわたる激しい騒音によって、難聴といった生理的障害が生じる場合もあります。騒音に関する環境基準[表11.2]は、環境基本法で定められていますが、騒音の感じ方は、音の種類や耳にする人の心理状態などによっても違ってきます。

人の聴覚は低い音になると鈍くなるため、人の感覚に近くするためにA特性という補正した音圧レベルを騒音レベルとして使います。また、音の大きさの感じ方は周波数によって違

表11.2　騒音に関する環境基準

地域の区分	時間の区分	
	昼間（6時〜22時）	夜間（22時〜6時）
特に静穏を要する地域 （医療、社会福祉施設等が集合して設置）	50dB以下	40dB以下
主に住居として供される地域	55dB以下	45dB以下
相当数の住居と併せて工業の用に供される地域	60dB以下	50dB以下

うので、オクターブバンド*8ごとの音圧レベルを示したNC曲線[図11.6]を使って、ある音の最大の音圧レベルを対象の音にしてNC値を求めます。室内の騒音の許容値は、建物の用途ごとに基準が設けられており、NC値と騒音レベルで評価します[表11.3]。たとえば、集会・ホールのホールロビーにおいて騒音のそれぞれの周波数NC-45よりも下回っていれば、許容値はNC-40〜45なので騒音に対して問題ないということになります。

*8——オクターブバンド:ある音からその2倍の周波数までの幅のこと。「ドレミ」でいうと、最初の「ド」から次の高音の「ド」までが1オクターブで、この周波数帯をオクターブバンドといいます。

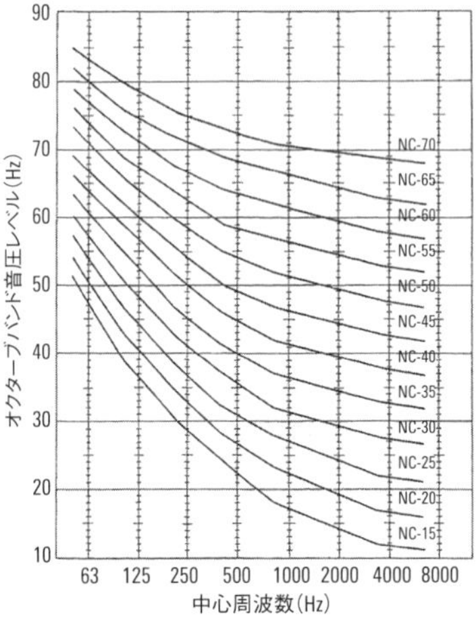

図11.6　NC曲線

表11.3　騒音の許容値

dB(A)	20	25	30	35	40	45	50	55	60
NC	10~15	15~20	20~25	25~30	30~35	35~40	40~45	45~50	50~55
うるささ	無音感 ――	非常に静か ――		特に気にならない ――		騒音を感じる ――		騒音を無視できない	
会話・電話への影響			5m離れてささやき 声が聞こえる ――		10m離れて会議可能 電話は支障なし ――		普通会話(3m以内) 電話は可能 ――		大声会話(3m) 電話やや困難
スタジオ	無響室	アナウンススタジオ	ラジオスタジオ	テレビスタジオ	主調整室	一般事務室			
集会・ホール		音楽室	劇場(中)	舞台劇場	映画館・プラネタリウム		ホールロビー		
病院		聴力試験室	特別病室	手術室・病室	診療室	検査室	待合室		
ホテル・住宅				書斎	寝室・客室	宴会場	ロビー		
一般事務室				重役室・大会議室	応接室	小会議室	一般事務室		タイプ・計算機室
公共建物				公会堂	美術館・博物館	図書閲覧	公会堂兼体育館	屋内スポーツ施設(拡)	
学校・教会				音楽教室	講堂・礼拝堂	研究室・普通教室		廊下	
商業建物				音楽喫茶店	宝石店・美術品店	書店	一般商店		
							銀行・レストラン	食堂	

衝撃音

物体の衝撃で生ずる音のことを衝撃音といい、子どもが飛び跳ねたときの音などは重量衝撃音、人が歩く音や小さなものを落としたときの音は軽量衝撃音といいます。軽量衝撃音は床や壁が共振して下の階には大きく聞こえてきます。集合住宅などの室内では、いずれの音も下の階にその衝撃音が伝わります。床衝撃音の防止対策として、重量衝撃音に対しては床に厚みをもたせたり、グラスウール*9などを床の間に入れた二重床などが有効です。軽量衝撃音に対しては、床仕上げ材を柔らかいものにしたり、床に厚手のカーペットなどを敷くことで緩和することができます。

*9――グラスウール:原料の85%以上が板ガラスやリサイクルガラスで、ガラスを高熱で溶かして繊維化した綿状のものです。

音響設計

室内において音源からの音は、受音点に直接音が届き、その後に壁や天井などから反射した音が初期反射音として遅れて届きます。音源の音を止めても音は急になくならず、少しずつ減衰して聞こえなくなります。音源が止まった後に室内に音が残る現象を残響といいます。

快適な音環境を実現するために、室の用途や目的によって残響を調整する必要があり、部屋の容積に対して最適な残響時間が示されています[図11.7]。教会やコンサートホールでは、残響によって音響効果を高める計画がされますが、会議

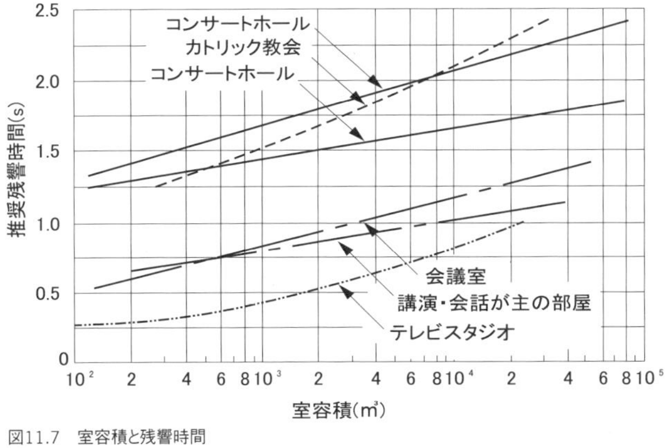

図11.7　室容積と残響時間

図11.8　講堂の例(昭和女子大学人見記念講堂)

や講演を行う部屋では残響を抑えて音声が明瞭に聞こえるように計画します[図11.8]。

残響とは別に、直接音の後に聞こえる反射音を反響（エコー）といいます。駅のホームや教室、講堂などでは放送やマイクからの音声が聞き取りにくいことがありますが、言葉は短い音が連続して発せられるため、エコーによって明瞭度が低下します。聞き取りにくさを解消して明瞭度を上げるためには、天井や壁など音が反射する面の吸音処理を施す必要があります[図11.9]。

図11.9　空港ロビーの吸音処理

音響計画では室の形状が大きく影響します。コンサートホールなどにおいては、最適な残響時間の確保、一様な音圧分布などに留意して、特に音楽が豊かに響くための音響設計が求められます。

断面計画[図11.10]では、天井からの反射音は直接音を補強するため、できるだけ反射音が分散するようにします。ドーム型の天井（a）では、一点に反射音が集中して他の場所での音が小さくなってしまいます。凸面を組み合わせた形状（b）にすると、音が拡散して広範囲に届くようになります。

平面計画においても、天井面と同様に凹面による音の集中やエコーを抑えた計画にします。円形の場合[図11.11]は、壁面に沿って音が回りやすくなるため、凸面を組み合わせて音の

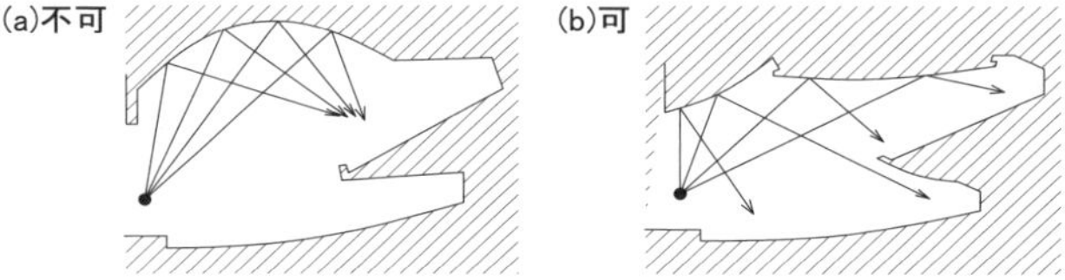

図11.10　ホール天井の断面形状

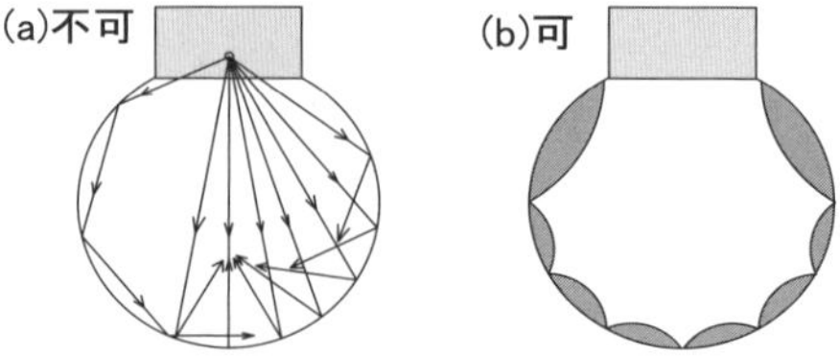

図11.11　円形平面

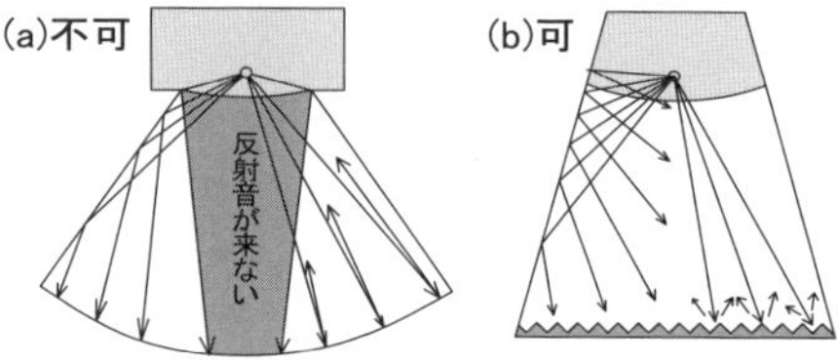

図11.12　扇形平面

偏りを防ぎます。扇形の場合[図11.12]は側方の反射音が客席に届かず、後方の壁からのエコーの可能性が高いため、側壁に角度をつけて、後方壁の吸音性を高めます。側壁を折れ面で構成するときは、フラッターエコー*10が生じないように配慮する必要があります。

*10――フラッターエコー:天井と床、両側壁などが平行している場所では、拍手や足音などが多重反射すると特殊な音色で繰り返し反響します。日光東照宮本地堂の竜の天井絵が描かれた場所では、拍手をすると竜が鳴くように聞こえるため、その音は鳴竜ともいわれます。

図版出典

図11.1,6　建築環境工学用教材 環境編、日本建築学会、丸善、2011

参考文献

・初学者の建築講座 建築環境工学、倉渕隆著、市ヶ谷出版社、2011
・昼光照明の計算法、日本建築学会編、丸善、1993
・旭硝子カタログ技術資料編
・建築設計資料集成 環境、日本建築学会編、丸善、2001
・横浜市環境創造局パンフレット
・昼光照明デザインガイド、自然光を楽しむ建築のために、日本建築学会編、2007
・建築環境工学用教材 環境編、日本建築学会編、丸善、2011
・建築設計資料集成 環境、日本建築学会編、丸善、2007
・建築設計資料集成 環境、日本建築学会編、丸善、1978
・断熱・防湿・防音が一番わかる、柿沼整三、遠藤智行、荻田俊輔、山口温、技術評論社、2013
・建築・環境音響学、前川純一、森本政之、阪上公博著、共立出版、2011

Part 3

水環境をデザインする

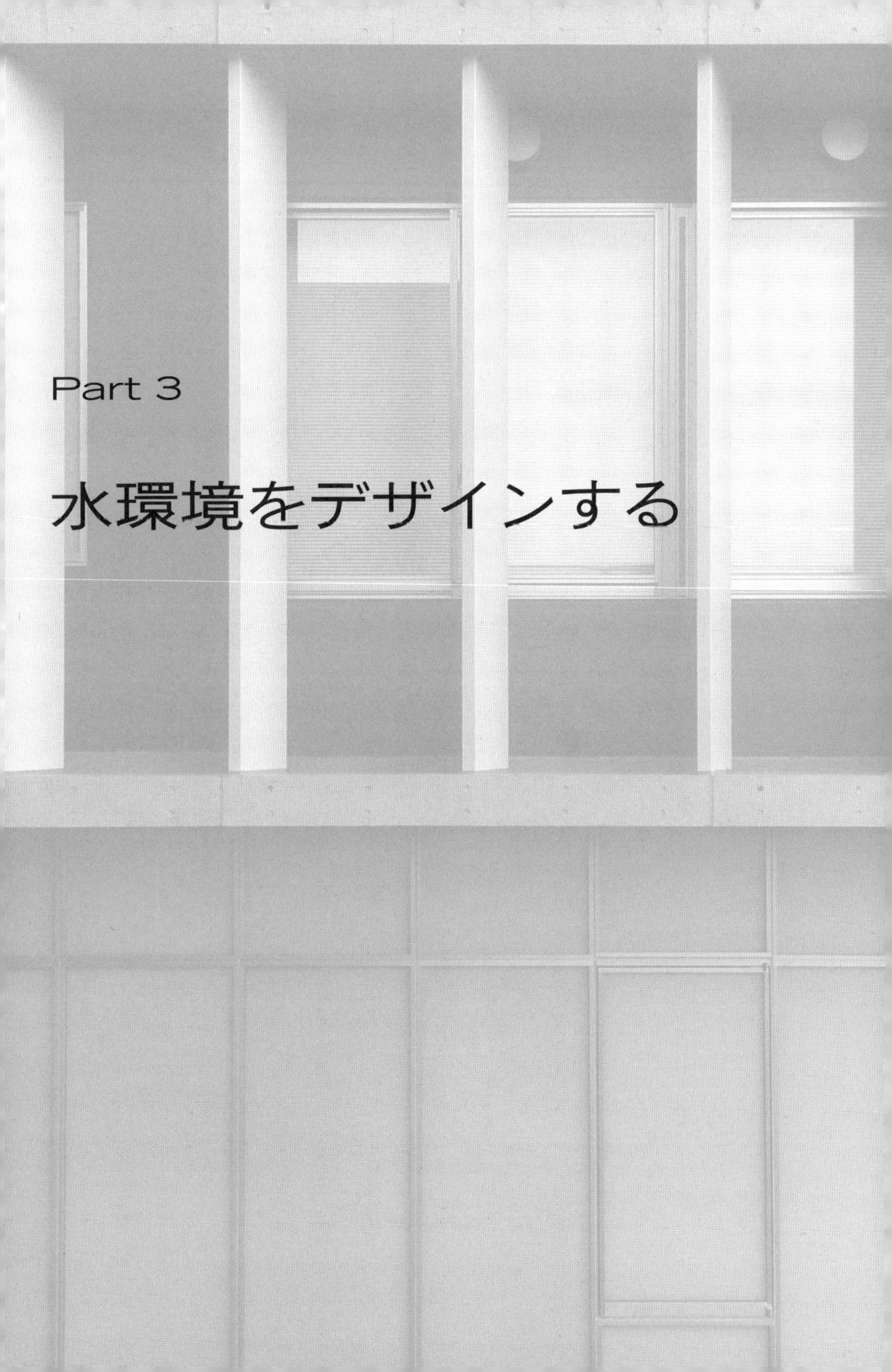

12

水資源と都市・建築の水環境問題

世界と日本の水資源

地球上に存在する水の量は約14億km³といわれ、その約2.5%が淡水[*1]、他の約97.5%は海水等から成り立っています。また、淡水の約70%は氷河、雪氷などで利用ができませんので、地下水や河川水などとして、私たちが本当に利用できる水の量は地球上の水の0.8%程度と1%にも満たないものです[図12.1]。

＊1――淡水：塩分濃度が低く、生物が生体維持できる水。

＊2――水使用形態の分類

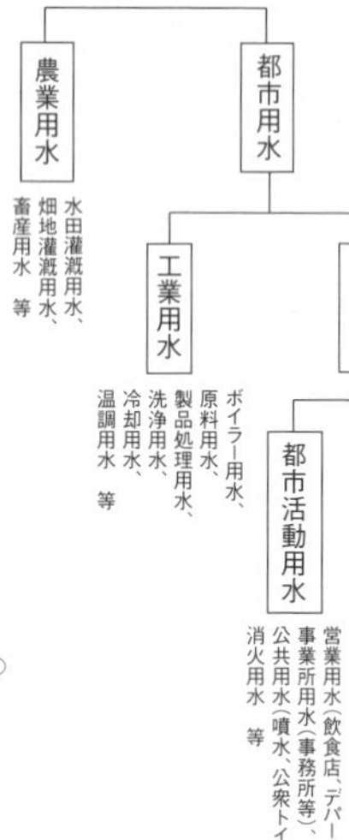

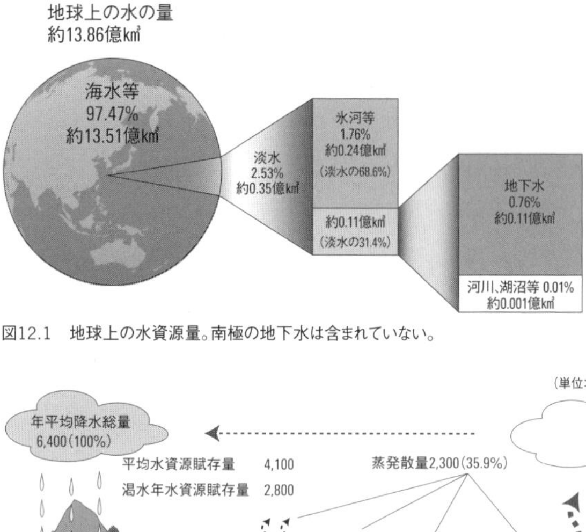

図12.1　地球上の水資源量。南極の地下水は含まれていない。

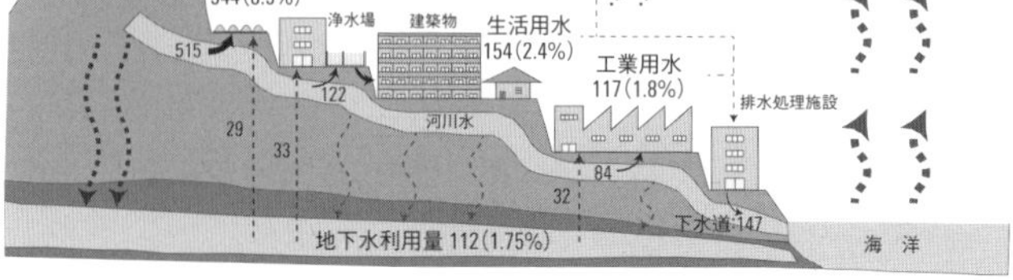

図12.2　国土の水の流れと水収支

*3——公共用水域:公共的な河川、港湾、湖沼などや、それらに下水道以外の経路より流入してくる公共的な支流、水路、道路側溝などをいいます。
*4——ビオトープ:地域に生息する多様な野生生物が、持続的に生活できる空間で、森林、湖沼、草原、平潟や池などをいいます。

(写真提供:小瀬博之)

*5——環境用水:親水空間、修景などの生活環境や動植物などの生息、生育などの自然環境の維持と改善を図るための水をいいます。

そのような水資源を、わが国の国土における水の循環系としてとらえて考えてみましょう。水源となるのは1年間の平均で6400億m³/年と数字を並べられても想像がつかないくらいの多量の降水量です。それが急峻な山々から河川となって大地を流れ、また、地下に浸透し地下水として貯められたり、流出したりしながら最後は海に流れ出ます。また、一部は途中で湖や田畑、貯留施設などにも貯水されます[図12.2]。
浄水場に貯められた水や河川水は、農業用水や都市用水として使用されます[*2]。都市用水は、工業用水と生活用水として使用され、その後、下水道や排水処理施設を経て河川や海などの公共用水域[*3]へ放流されます。近年では、親水や水の演出用、ビオトープ[*4]などの環境用水[*5]としても極めて多岐にわたり使用されています。また、先に述べた全降水量の2300億m³/年(約35%)は、地上や河川・海などから蒸発発散して雲になり、再び降雨となって戻ります。このような循環を繰り返してきました。

世界的な水危機に直面して

水は生命の源であり、代替物のない貴重な資源です。かつて世界四大文明であったメソポタミア文明はイラクのチグリス川、ユーフラテス川流域に、エジプト文明はエジプトのナイル川流域に、インダス文明はインド・パキスタンを流れるインダス川流域に、黄河文明は中国の黄河流域に生まれました[*6]。大河のほとりでは、その豊かな水を使った農業が盛んになり、河川の水はそれに使用されるほかに、物資の運搬にも活用されてきました。
しかし、21世紀の現在、人類は地球温暖化による温室効果ガスが原因となる気候変動、世界人口の増加、開発途上国の急激な経済成長と急激な都市化などによって、かつて経験したことのない水危機に直面しています。全世界において、安全な飲料水を継続して利用できない人の割合は17%程度といわれています[図12.3、4]。特に東アジア、南アジア、ア

*6——世界四大文明と河川

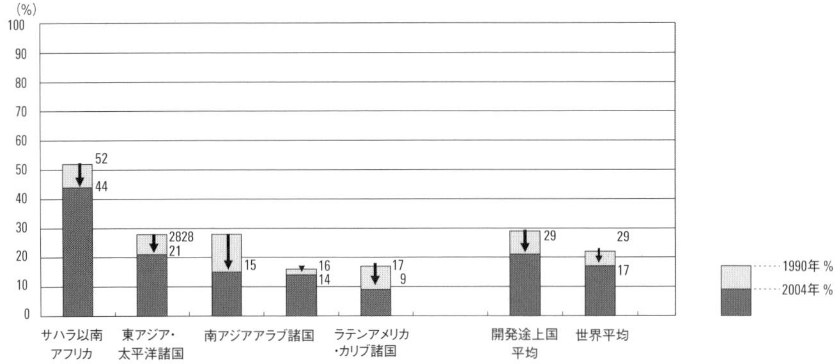

図12.3　安全な飲料水を持続的に利用できない全人口の割合

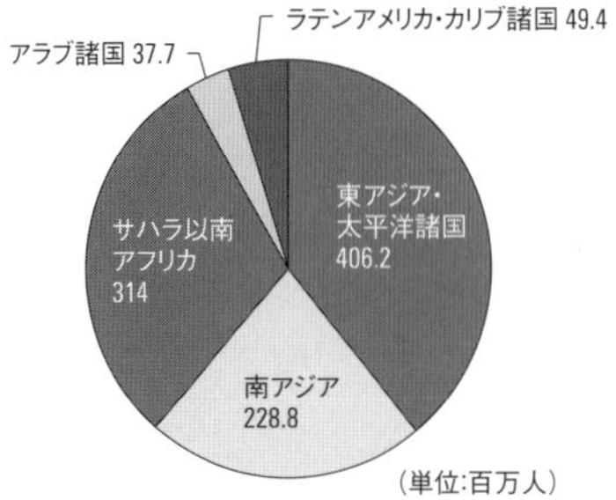

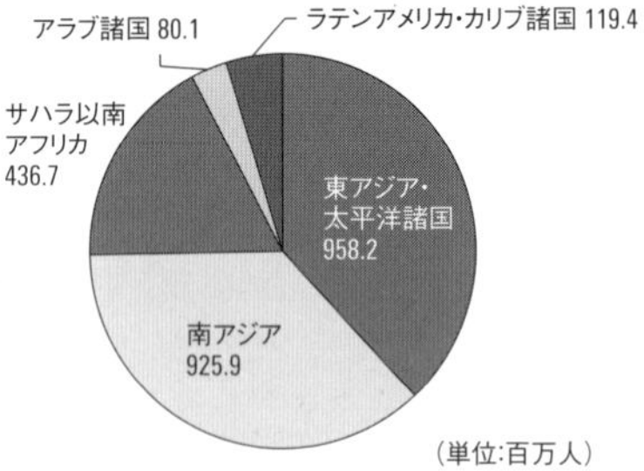

(左)図12.4　開発途上国における安全な飲料水を利用できない人口
(右)図12.5　開発途上国における基本的な衛生施設(トイレなど)を継続的に利用できない地域別人口(図の数値の合計25億2千万人)

フリカなど開発途上国においては、その人口が高いことが課題となっています。さらにトイレなどの衛生施設が継続的に利用できない人々も25億人以上に及んでいます[図12.5]。また、異常気象によるハリケーンの発生などにより世界各地では記録的な集中豪雨が起こり、洪水などの水災害も増え、治水*7が必要とされてきています。一方で干ばつの影響で湿原、沼沢、沼地などの湿地は干上がり、乾燥地域も広がってきています。

*7——治水:河川の氾濫などによる被害から家屋、集落、耕地などを守るために堤防やダムなどを築いたり、河川の流路を変えたり、水流や水量を制御調整するための工事を行うこと。それに加え、雨水を滞留させ洪水を防ぐ方策、住民の避難対策などを加えた総合治水対策が必要とされています。

水危機と食糧問題

島国で国土の狭いわが国の食糧自給率は先進国の中では最も低く、世界最大の食糧依存国です。食糧生産には

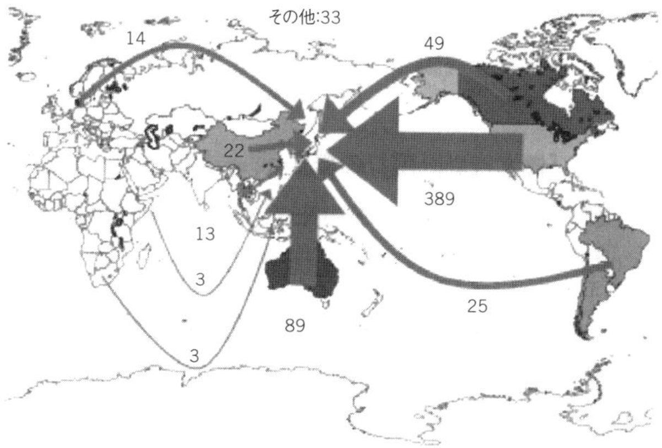

図12.6　日本の仮想水投入水総輸入量／総輸入量:640億m³/年、日本国内の年間灌漑用水使用量:570億m³/年

水は欠かすことができず、食料生産に伴い消費した水を間接的に諸外国から輸入していることになります。もし、食料を輸入している国（消費国）において、その輸入食料を自国で生産するとしたら、どの程度の水が必要かを推定した仮想水（バーチャルウォーター*8）という考え方があります。わが国の例では、仮想投入水総輸入量は約640億m³/年となり、国内における灌漑用水*9としての使用量が約570億m³/年となるので、それを超える値になると試算されています。世界的な規模では、多くの水の輸出入が食料品や工業製品を介して繰り広げられており、わが国は世界有数の水資源の消費国であることに留意しなければなりません[図12.6]。

*8――バーチャルウォーター（VW）とウォーターフットプリント（WF）:VWは農作物や食料品を輸入する国が自国でそれらを生産するとした場合必要とされる水の量。WFは生産国で輸出する農作物や食料品を生産するために実際に必要とされる水の量。下図のイメージ。

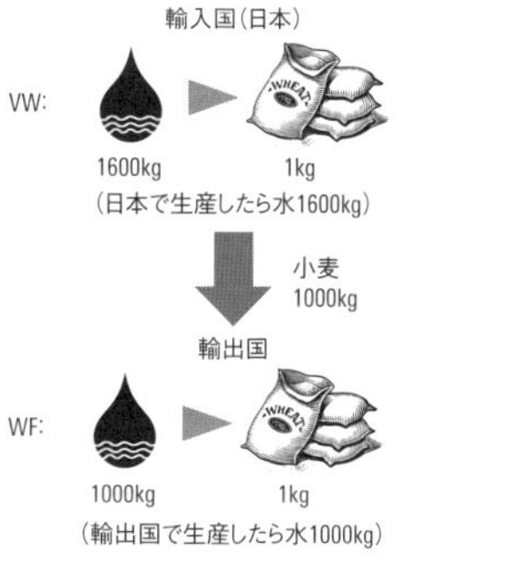

*9――灌漑用水:畑や水田に水を引き入れ農作物の生産に用いられる水。

*10――ヴェネチア:ヴェネチア湾にできたラグーナとよばれる潟に築かれた運河が縦横に通る水上都市。ヴェニスともよばれます。

世界と日本における水環境と水災害

水の都ヴェネチア*10の水害

イタリアのアドリア海の最深端ヴェネチア湾の潟（ラグーン）の上に築かれたヴェネチアは「水の都」、映画祭でもよく知られた都市です。かつては、地下水の汲み上げが原因で地盤沈下が著しいことが指摘され、その禁止によって沈下はおさまったとされてきました。しかし、最近では、地球温暖化の影響で、海水の温度が上がり海の膨張、グリーンランドや南極

図12.7　ヴェネチアと浸水被害を受けるサンマルコ広場

の氷床が溶けて海水の量が増えことなどが原因とされる水害に見舞われています。海水面の上昇に高潮の多発により、歴史的な絵画や旧市街地のサンマルコ広場が水に浸かる被害が起こっています。このような水害によって、ビザンチン文化の影響を数多く残すヴェネチアのシンボルであるサンマルコ寺院などの歴史的建築物が塩害で、また、ルネッサンス様式の絵画にも痛みが目立ちます。まさに存亡の危機に瀕している状況を、建築・環境に配慮した都市や建築を創造する皆さんは、見逃してはなりません。生態学者は、このまま対策をとらねば、やがてヴェネチアの多くが海に沈む可能性もあると警告を発しています[図12.7]。

わが国の都市における洪水の被害

わが国でも異常気象が原因となる都市型洪水、いわゆるゲリラ豪雨*11の被害が増加しています。わが国では年間1700mm程度の降水量があり、世界各国の中でも多い方に入ります。気象庁のアメダス*12データを参考に、1時間の降雨量50mm以上の年間平均発生回数を1976年から約10年間ごとに調べてみると、年々、平均発生回数は増え当初の220回/年から最近の10年間では317回/年と30%以上

*11――ゲリラ豪雨:積乱雲の発生により、突発的に局地的に発生する予測が困難な集中豪雨。単なる集中豪雨ではなく、予測困難なことを強調した俗語です。気象庁では局地的大雨と呼んでいます。

*12――アメダス:雨、風、雪などの気象情報を時間的、地域的に細かく監視するために降水量、風向・風速、気温、日照時間の観測を自動的に行う地域気象観測システムのこと。AMeDAS(Automated Meteorological Data Acquisition System)

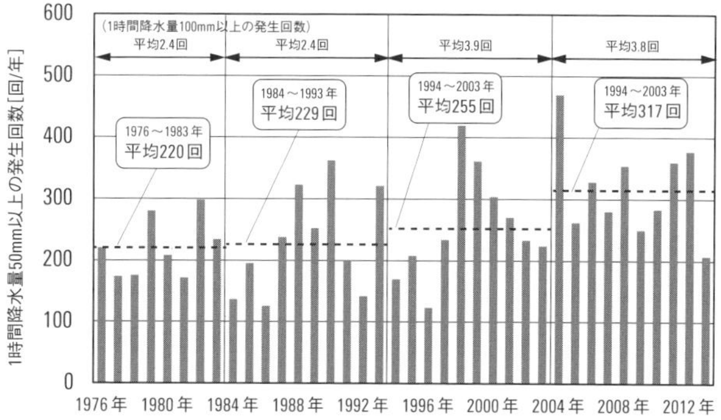

図12.8　1時間降雨量50mm以上の年間平均発生回数

増加しています。さらに、1時間降雨量100mm以上の発生頻度は2.4回/年から3.8〜3.9回/年と、こちらも増えています[図12.8]。

1時間降雨量100mmという数値は、一般に建物の屋上に降った雨を排除するために、十分に安全性を考えて雨水排水管を設計する際の基準値となるものでした。しかし、近年では、そんな基準値を超える降雨が発生する回数が年々増えていることから、降雨を一時貯留させたり、円滑に排除するための雨水設備を備えた都市や建物を設計する必要があります。

水災害の少ない都市を目指して

都市型洪水が起こる原因の一つに、ピークの雨水流出量の増加があります。都市化によって、地表面がコンクリートやアスフィルトで舗装され、雨水の地下浸透が行われにくくなり、短時間に多量の雨水が流出してピーク流出量が増大するためです。かつて、東京都の例では、雨水は地下浸透量50%、流出量50%でしたが、1980年代後半以降、地下浸透量25%、流出量75%と地下浸透の困難な地盤面へと変ってしまいました。また、土地が狭小なため、地下室を設ける住戸などが増えたことも浸水家屋が増えた要因の一つと

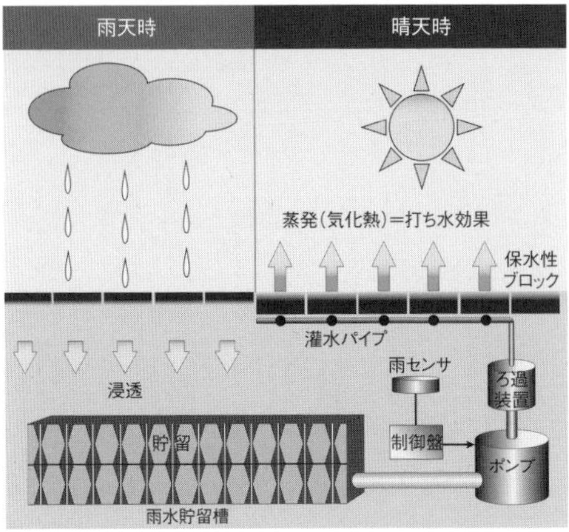

図12.9　雨水浸透。貯留と舗装路の冷却を同時に考えた技術

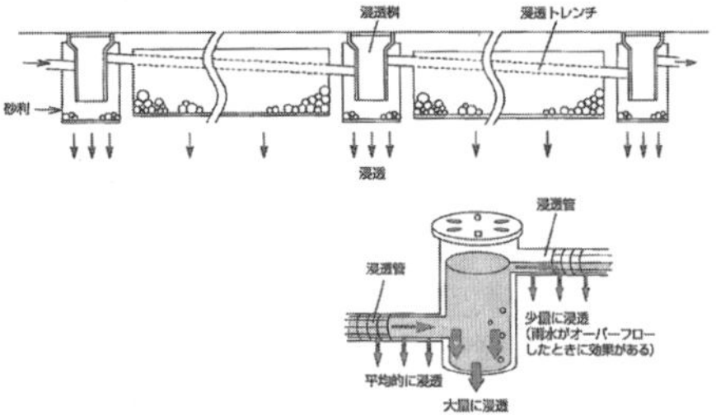

雨水・浸透トレンチと雨水浸透桝（雨水を穴のあいたパイプや桝より土壌中に浸透させるシステム）

いえます。

その対策として、地下への浸透や建物内に一時貯留させて、時間を遅らせて都市の下水路に排除させたりして洪水を抑えています。貯留した水を保水性の高い舗装材へ浸透させ夏季のヒートアイランドに対しても水分を蒸発させることによって、打ち水効果*13と同様に地表面の温度を下げることができるので、それらを組み合わせた技術開発も進んでいます[図12.9]。雨水を上手に地下浸透させて都市型洪水を抑制すること、その雨水を活用して、ヒートアイランドの状況下にある都市や建物を冷やすことが、これからの地球温暖化対策の一つとして大切なことといえます。

*13——打ち水効果：夏場に道路や地面などに水をまくこと（水を打つ）で水の蒸発が地面、大気の熱によって起こり、そのときに熱を奪い、地面や空気の温度を冷やす効果があります。

ミスト効果で都市を冷やす

ヒートアイランド対策の一つに、屋上の緑化が挙げられます。しかし、緑化には装置や維持管理の問題があり、既存の建物への導入には困難な面もありました。そこで発案されたのが、水を空気中で気化しやすい微小粒子（ミスト）として散布することによって、建物や道路などから発生する気化熱*14の吸収により気温を冷却させるミスト散布*15による手法で、飲用だけではなく、新しい水の活用方法といえます。用途とし

*14——気化熱：液体が蒸発して気体になるとき、周りから熱を奪うこと。

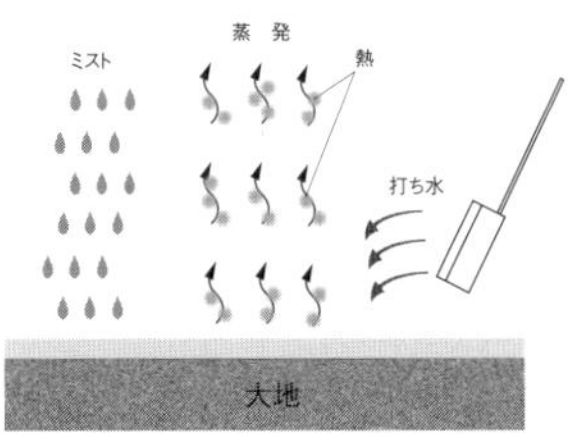

図12.10　都市におけるミスト散布の例　　(写真提供:(左)三機工業、(中・右)なごミスト設計)

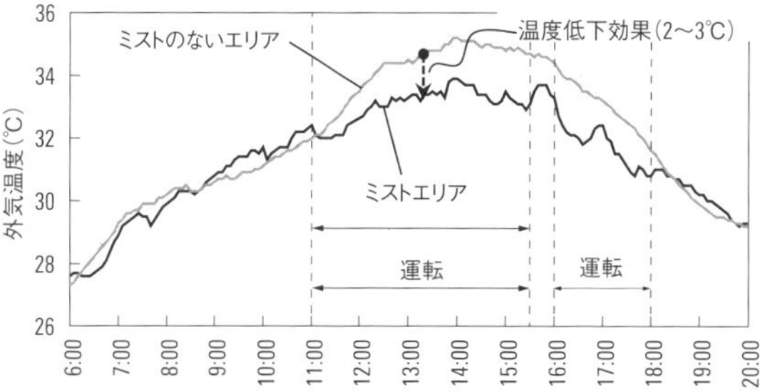

図12.11　ミスト散布を行った場合の外気温の低下の例(東大島駅)

*15——ミスト散布:ポンプで圧縮された水をスプレーノズルの先端から5〜30マイクロメートルの細かい霧を散布するので、早めに蒸発して、衣服や肌などをほとんど濡らすことはない散布の方法をいいます。

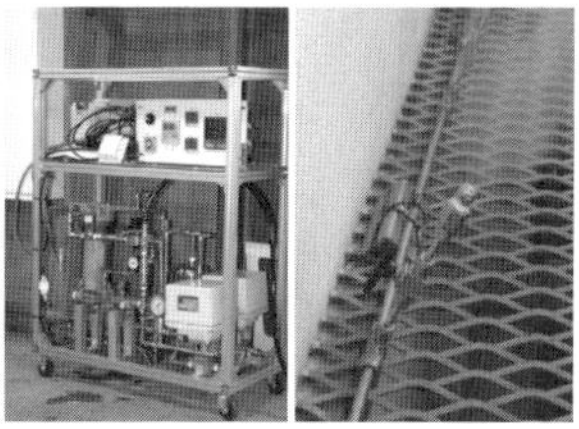

て、商店街のアーケード、屋外歩廊、駅のコンコースなどの屋根部分に噴射ノズルを設置して散布させた例などがあります。ミストを微粒子を散布するので流動性と蒸発性もよく、水滴として人にかかることもなく、快適性も維持できます。これによって、夏季の高い外気温がミスト噴霧を行った場合には、2〜3℃程度低下できたとの報告もあり、空調エネルギーの削減にもつながります[図12.10、11]。水の省エネルギーへの利用も、これからのテーマといえます。

震災時の水問題と建物対策

2011年3月11日に起きた東日本大震災は、都市のインフラ*16となる水道施設や下水道施設に大きな被害をもたらしました。当時の宮城県内のインフラの復旧状況を見ると、電力は3日以内に約50%、1週間で約90%の復電、都市ガスは震災発生後10日間までは復旧率は低く、20日以降に急速な復旧を見せ1カ月後には80%に達しました。しかし、肝

*16——インフラストラクチャ:道路、水路、港湾等の交通・通信施設、動力・エネルギー関連施設、上下水道・灌漑施設などをいいます。広くは学校、教育施設などの公共建築も含まれます。

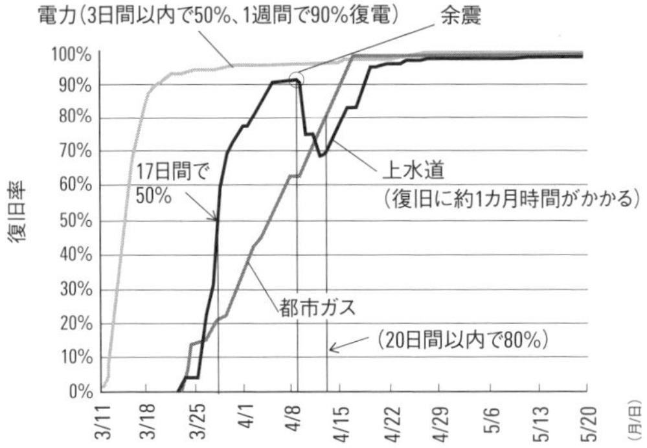

図12.12　宮城県内のインフラの復旧状況

図12.13　南蒲生浄化センターの被害

心の水道は17日後に50%が復旧し、3週間後にやっと80～90%が復旧するまでに至りました。その後の余震の影響で断水戸数が増えるなど脆弱さが目につきますが、震災後約1カ月半を経過すると復旧状況も安定しました[図12.12]。しかし、下水道施設に至っては、たとえば仙台市の人口70万人の約70%を処理する南蒲生浄化センターでは、津波による壊滅的な被害を受け、生活排水の処理ができないため、2016年6月現在でも沈殿と塩素処理を施し海への放流を行う簡易処理が続いており、供給処理のバランスが処理側で崩れ衛生被害と環境負荷の増加につながる被害となりました[図12.13]。

この教訓を生かして、建物内では震災などの突発的な災害に対しても事業を継続して行える対応(事業計測計画BCP*17)が重要視されるようになりました。一般の集合住宅でも、震災後も自宅に残って生活を継続できる対応(生活維持計画LCP*18)が求められています。その中でも生命を維

*17――BCP:Business Continuity Planの略。事業継続計画をいい、災害やリスクが発生しても重要業務を中断することなく、また中断しても目標期間内に重要事項を復帰して、中断に伴うリスクを最小限に抑えるために、平時から事業継続実施に向けて計画を立てておくこと。
*18――LCP:Life Continuity Planの略。災害などで停電が発生しても、水の供給やエレベーターの運転が最小限の電源を確保することで生活を持続できること。
*19――液状化:地盤は砂、土、水などが混合して構成されていますが、地震の際に地下水位の高い地盤が振動によって揺らされると、水分が浮き、土砂が沈むために地中埋設管やマンホールなどが浮き上がる現象をいいます。

表12.1　地震時の目標応急給水量の例

段階	経過日数	目標応急給水量	備考
第1段階	初めの3日間	3L/人/日	生命維持用水
第2段階	7日目	20L/人/日	簡単な炊事、1日に1回のトイレ用水
第3段階	14日目	100L/人/日	3日に1回の風呂・洗濯、1日に1回のトイレ用水
第4段階	21〜28日目	250 L/人/日	地震前とほぼ同水準の水量

持するための水とともに、トイレの洗浄水、簡単な入浴行為のための生活用水の確保などが大切になります[表12.1]。

また、沿岸部の建物では液状化*19による被害が激しく、下水道管路網が破断し使い物にならなくなり、トイレからの排水を処理できなくなるという教訓もあります[図12.14]。そのためには、災害時にも設置できる仮設用のマンホールトイレ*20、一定時間は排水を貯めておく排水槽などを建物内に備えておくことが、水環境と給排水設備の設計に必要な要素となってきています[図12.15]。

*20――マンホールトイレ:災害時に下水道管路や専用の排水管路にあるマンホールの上に簡易なトイレ設備を設け、使用するものです。

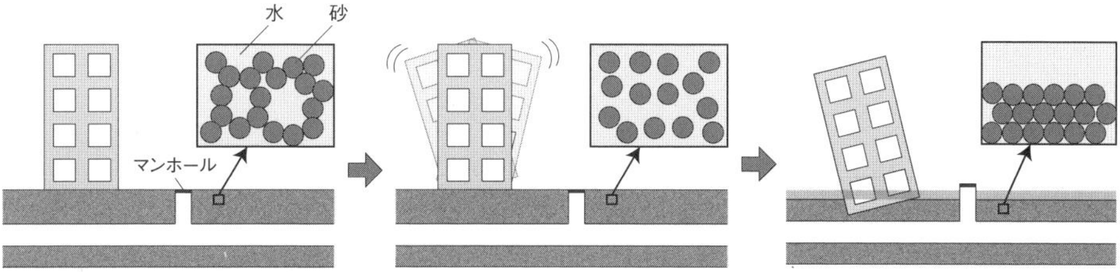

砂などの粒がお互いに集まって、その間に水がある状態の地盤が、地震で揺さぶられる。

砂の粒同士が離れて、水に浮いた状態となる。

ばらばらになった砂の粒が沈んで、地面に水が出てくる。液状化現象により、建物は傾き、マンホール等地中に埋めてある排水設備が地面に浮き上がってくる。

図12.14　液状化による被害とその原理

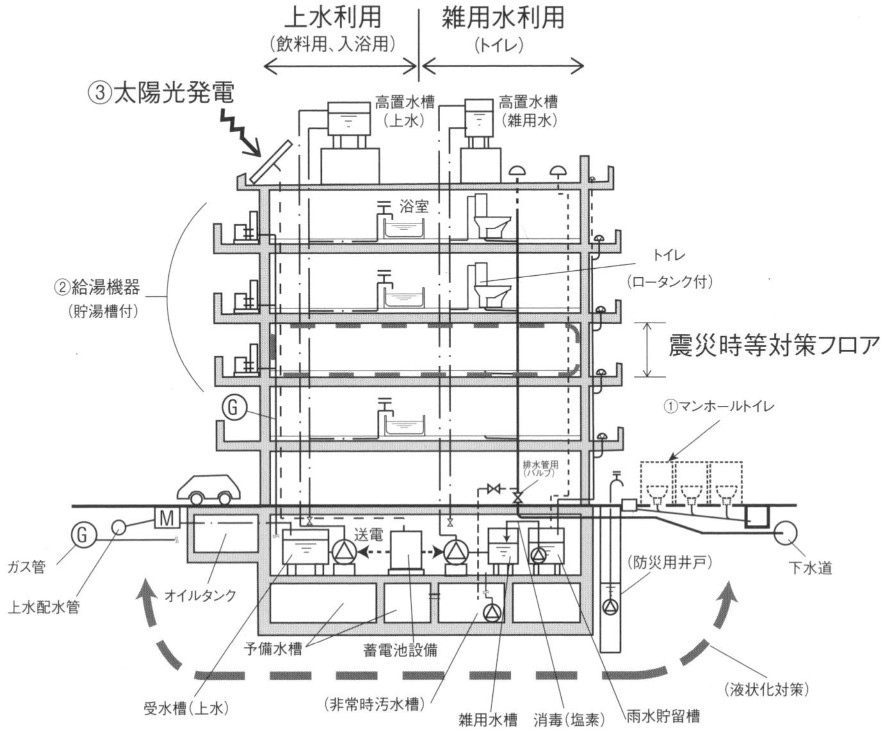

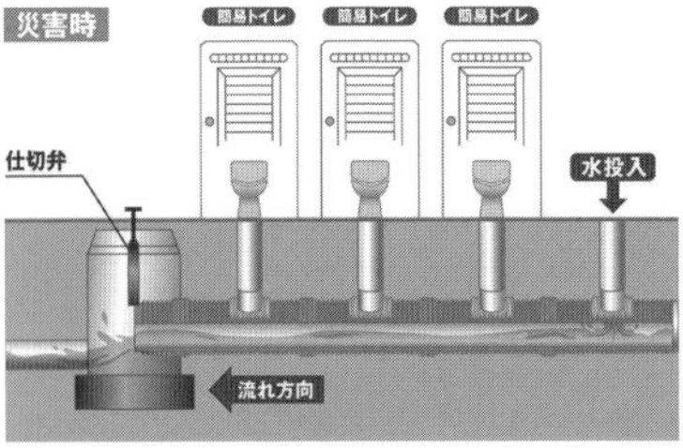

①マンホールトイレ

マンホールトイレ用敷地排水管の敷設

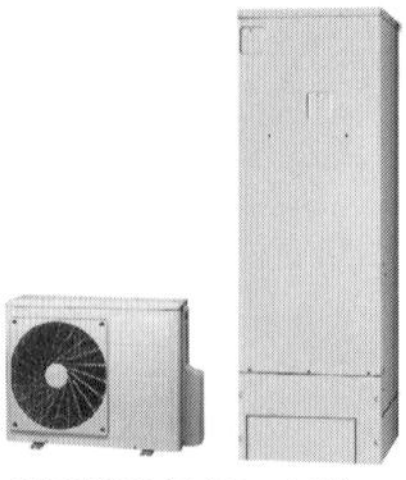

②給湯機器(貯湯タンク付)

③太陽光発電

図12.15　震災時の水対策を備えた集合住宅のイメージ

13 建築と快適で安全な水環境

建物内での水の循環と安全性

飲料水は、水道施設である取水施設[*1]、導水施設[*2]、浄水施設[*3]、送水施設[*4]、配水施設[*5]といった長い道のりを経て建物へ供給されます。建物内ではトイレ、台所、洗面所、浴室などの水周りの空間へ給水管を使って水が供給され、そこで多目的に使用した後に、排水管から敷地外へ排水されます。建物内での水の流れを扱うのが建築でいう給排水衛生設備です。その目的は、主に建物やその周辺において水の利用に対して衛生的で快適な環境を保持し、使用者の水利用の利便性を図ることです[図13.1]。また、最近では、節水化、省資源化や省ネルギー化への配慮が求められています。建物内で使用され、排水された水は、下水道などを経て排水処理施設で浄化され河川や海に放流されます。水道の

*1——取水施設:河川や湖沼の浅い砂れき層中に含まれる地下水、湖沼水、池水などの水層から水を取り入れる施設。(水道技術経営パートナーズHPより)

*2——導水施設:取水を浄水施設まで送る施設。(静岡県大井川広域水道企業団HPより)

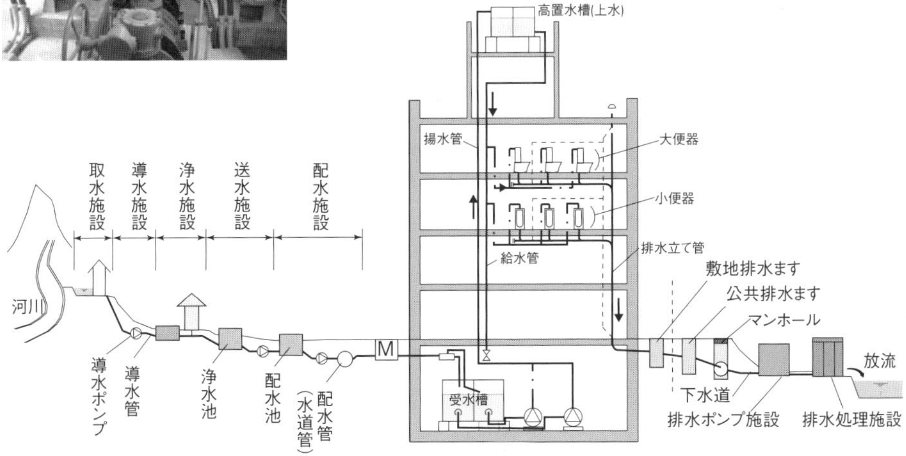

図13.1　都市・建築における水の流れ概念図

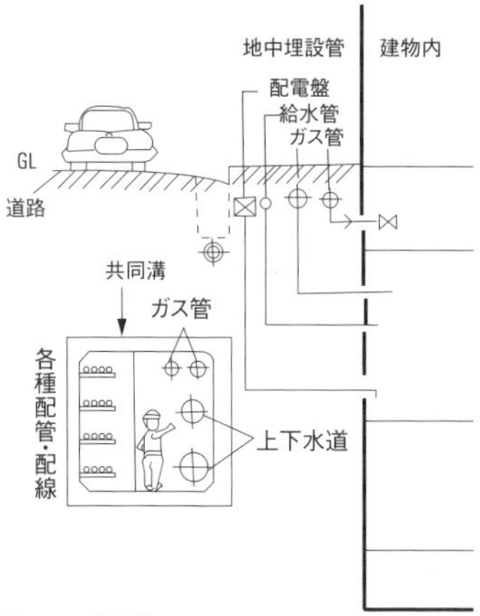

図13.2　共同溝

配水管（水道管）や下水道などのインフラストラクチャは、直接地中に埋設されたり、地下埋設施設を収納する共同溝[*6]に収納されます[図13.2]。

建物で使用する水は、上水と雑用水に大別されます。上水は飲料水のことをいい、水質も水道法で定められた水質基準を満たした飲用上、安全な水です。それに対し、雑用水は井戸水、雨水、排水をリサイクルした水などで、飲用以外の用途となるトイレの洗浄水、清掃用水、植栽への散水などに用いられます。

水道法で定められている上水の水質基準には、大腸菌、鉛類など51種類の検査項目とそれらの基準値が設定されています。さらに、送水及び配水途中における汚染に対する安全性確保のため、残留塩素[*7]が含まれています。一般に供給される水の水栓（蛇口）の末端で、1ℓ中に0.1mg以上の遊離残留塩素を含むこととされています。このように厳しい水質基準が定められている日本の水道水は、他国に比べ安全性が高いといっても過言ではありません。また、わが国では、たとえ飲用にしない雑用水の水質についても大規模な建築物において厳しい水質基準を設け、その水質検査[*8]を行う頻度も、トイレ洗浄水、清掃用水、修景用水などの用途に応じて決まっています[表13.1]。

*3——浄水施設：取水した原水を水道法で定められた水質基準に適合するように処理する施設。（埼玉県庁HPより）

*4——送水施設：浄化処理した水をポンプ、送水管で配水池まで送る施設。（奈良県庁HPより）

*5——配水施設配水池から需要者へ送水する配管末端までの施設。（昭島市役所HPより）

*6——共同溝：ガス管や上下水道管、通信・電力ケーブルなどの公益事業に必要な地下埋設施設を収納するトンネル状の施設をいいます。

*7——残留塩素：水道水の消毒のために注入される次亜塩素酸ナトリウムなどの塩素剤が、効力を残して水道水中に存在しているものを残留塩素といいます。その中で、次亜塩素酸または次亜塩素酸イオンとして消毒効果をもつものを「遊離残留塩素」、アンモニアと結合して緩やかな消毒効果をもつものを「結合残留塩素」とよんでいます。一般に遊離残留塩素が、水質の評価に用いられます。

*8——pH:水素イオン指数または水素イオン濃度指数とよばれる酸性、アルカリ性の度合いを示す物理量
pH<7の場合は酸性、pH=7の場合は中性、pH>7の場合はアルカリ性

表13.1　雑用水の水質基準

水質	基準値	検査頻度	散水・修景・清掃用水	便所洗浄水
遊離残留塩素	0.1mg/L以上	7日以内ごとに1回	適用	適用
pH値	5.8〜8.6	7日以内ごとに1回	適用	適用
臭気	異常でないこと	7日以内ごとに1回	適用	適用
外観	ほとんど無色透明であること	7日以内ごとに1回	適用	適用
大腸菌	検出されないこと	2カ月以内ごとに1回	適用	適用
濁度	2度以下であること	2カ月以内ごとに1回	適用	適用しない

散水・修景・清掃用水には、し尿を含む水を原水として用いないこと。修景用水:庭園・公園などの景観と親水上の池や川などに利用する水

給水設備・飲用水の安全性

水槽の6面点検

一般にマンションやオフィスビルでは、上水(水道水)をいったん大きな受水槽に貯めて、そこから屋上に設置された高置水槽などに揚水ポンプを用いて揚水した後に、各住戸や各階のトイレや洗面所に給水されるのが一般的でした。この給水方式を高置水槽方式とよびます。その際に、衛生的に水を供給するためには、受水槽で水質の安全性を確保しておく必要があります[図13.1(前掲)]*9。その対策として、受水槽などの貯水槽は、その上・下の2面、及び周囲4面の計6面から点検ができるように十分に点検スペースを確保した構造とし、かつ、土壌などからの汚染物質の侵入を防止する構造としておく必要があり、建築基準法でも定められています。これを水槽の「6面点検」とよび、上方1m以上、周囲と下方0.6m以上の空間を確保する必要があります[図13.4]。これは、人間がなんと

図13.3　給水管理適合施設の表示マーク

*9——受水槽の定期点検:水槽の有効容量が一定数値(10㎥)を超える受水槽では、1年に1回の清掃を行うこと。構造や管理が適正な水槽には、検査結果が良好なことを示す表示マーク「給水管理適合施設」が交付され、利用者や使用者に管理状況が良好なことがわかるようなエントランスなどに掲示されています。

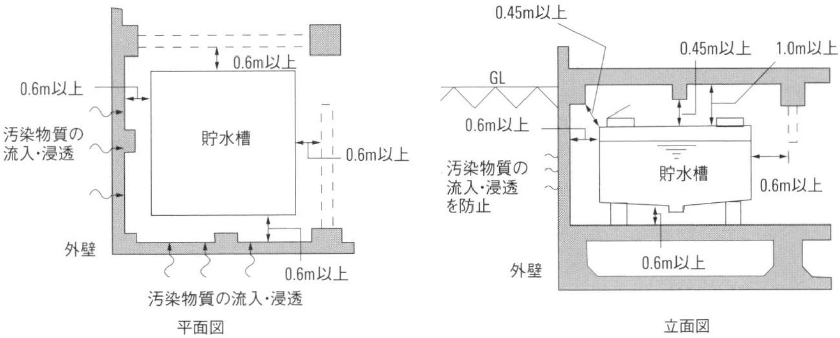

図13.4　受水槽の6面点検

か点検するために通ることができ作業に必要な寸法です。

これらの飲用の水槽類は定期点検*10を行う必要がありますが、特に高置水槽は、これを塔屋(ペントハウス)とよばれる屋上に突き出した階段室・エレベーター機械収納用の小屋の上に設置される場合が多く見られます。そのため、内部の点検作業は周辺に手すりなどがなく転落する危険もあるので、水槽の外側に階段を設置したり、転落防止用の手すりをつけるなどの安全対策が必要となります[図13.5、6]。

受水槽への水の滞留時間が長いと、先に述べました残留塩素が少しずつ消失し、その含有濃度が低下し殺菌作用がなくなり、衛生上の問題が生じます。その対策として、2～3階の戸建住宅で水道水を給水するのに用いられる水道直結方式や、最近の高層の集合住宅やオフィスビルで用いられる小さな揚水ポンプを用いて給水する水道直結増圧方式があります[図13.7]。これらは、水道水を受水槽でいったん受けたときのように外気に触れることなく、直接台所や洗面所で

*10――水槽の定期点検:管理状態の定期検査が良好な施設には、検査機関から給水管理適合施設の表示マークや表示期限シールが交付されます。

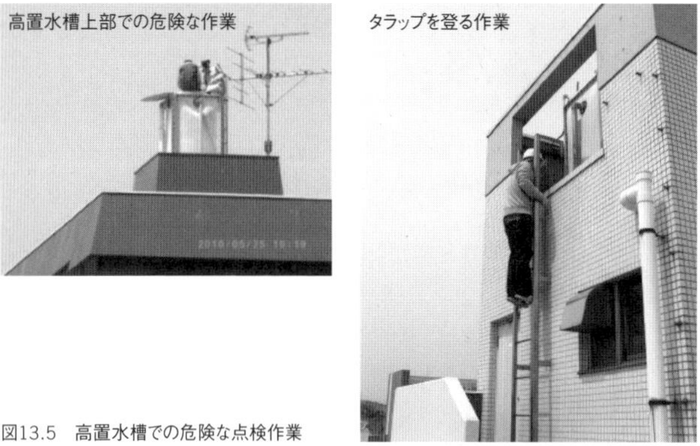

図13.5　高置水槽での危険な点検作業

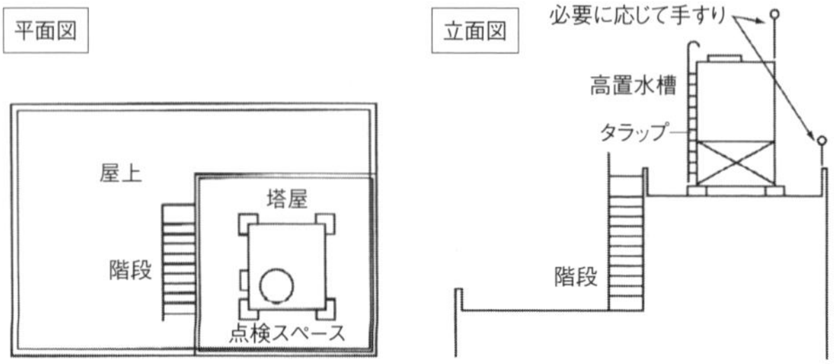

図13.6　高置水槽の作業での安全対策

図13.7　給水方式。
水道直結方式:配水管(水道管)の水圧のみで給水する方式。
水道直結増圧方式:配水管より配管を引込み、増圧ポンプに接続し、高所へ給水する方式。配水管と直結しているので、水質の安全を確保でき衛生的です。

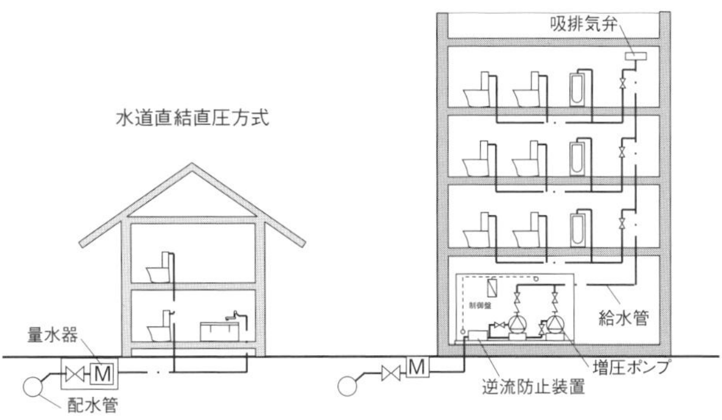

使用できるので、衛生上も良好な状態が保てます。

クロスコネクション

上水はつねに安全性を確保する必要があります。そのため、上水の給水管とそれ以外の給水管(たとえば雑用水の給水管)を仕切る弁や、機器を用いて接続してはいけません。両方の給水管を接続することをクロスコネクションといいます。たとえば節水になり、冷えた井戸水がおいしいからといっても、上水の給水管と井戸水の給水管を接続してはいけません。これもクロスコネクションに該当します[図13.8]。これは、いつ井戸水に地中から汚染水や毒物が混入するかわからないからです。危険な要因はすべて除いて対応することが大

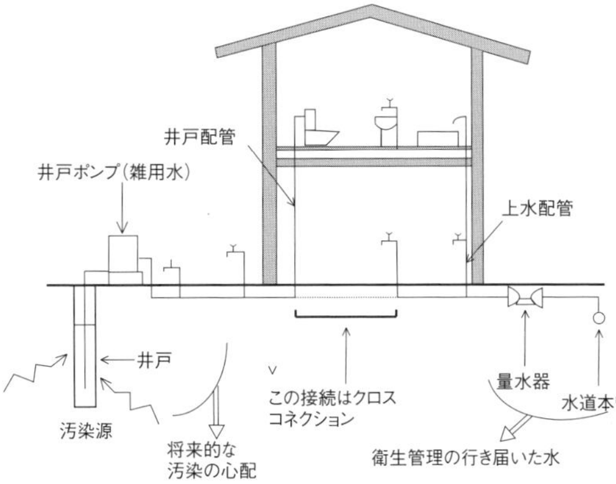

図13.8　上水配管と井戸配管

切です。クロスコネクションを防ぐためには、ときどき見受けるケースですが、飲料用の給水管と、トイレ洗浄用の雑用水管などが識別できる飲用不可の札を掛けたり、誰でも使えないように鍵付きの水栓としたり、上水と雑用水の配管を色分けするなどの対策が必要です[図13.9]。

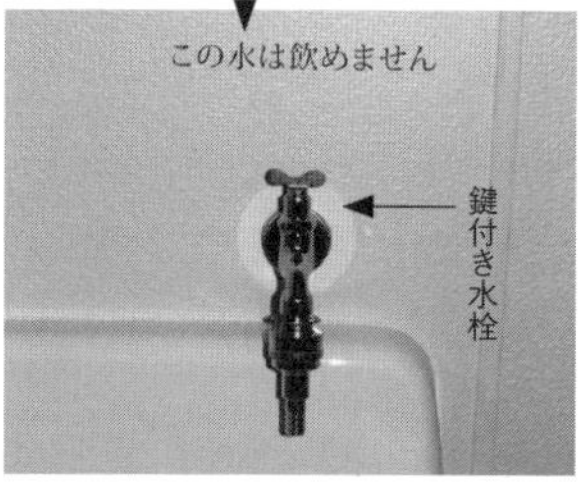

図13.9　雑用水用の鍵付き飲用不可の記述

逆サイホン作用と吐水口空間

幼い頃に水道の蛇口にホースを付けて、その先端を容器の中に突っ込んだまま放水して、水遊びをした記憶がありませんか。今思えば、大変、危険なことをしていたものだと反省しています[図13.10]。たとえば、**図13.11**のようなマンションの高層階で、高置水槽からの給水管のバルブ*11Aを閉じて、下階の浴室の蛇口の末端を残り湯のある浴槽中に突っ込んだ状態Bで給水しています。そのときにさらに下階の住民が住戸内の台所で飲用に蛇口Cを開けたとすると、給水管内には、下階へ給水されるように上層からの水が給水管内を流れます。このときに、上層階Bで浴槽内に吐水している圧力よりも下階側Cで吸引する圧力の方が大きいと、上階Bの浴槽内の汚染水が給水管へ誘引され飲料水に混入してしまう危険性があります。この現象を逆サイホン作用とよびます[図13.11]。この原理は灯油容器と給油ポンプの関係から説明できます。給油ポンプ部分を押したり放したり力を加えると、灯油は吸い上げられます。その後、ポンプ内が灯油で満たされると力を加えなくても別容器に給油されていきます[図13.12]。これがサイホン作用です。しかし、給油ポンプの上部の栓を開けて空気が混入されると、サイホン作用は起こらず給油は止まります。空気が混入することで、空気によってサイホン作用は断ち切られたということです。

図13.10　蛇口からバケツに挿入されたホース(逆サイホン作用の原因)

*11——バルブ:水や空気が流れる配管において、流れの方向、圧力、流量などを制御する機器。

すなわち、給水栓の先端と浴槽や洗面器のあふれ面との間に空間を設け、縁を切ると逆サイホン作用は起こりません。それを吐水口空間*12とよび、洗面器などの蛇口の先端とそのあふれ面(あふれ縁という)までの垂直距離をいいます。この距離を、蛇口の直径の2倍以上確保することで、逆サイホン

*12——吐水口空間とあふれ縁:洗面器などの容器の上縁をあふれ縁といい、水栓(蛇口)の末端からそこまでの垂直距離を吐水口空間といいます。

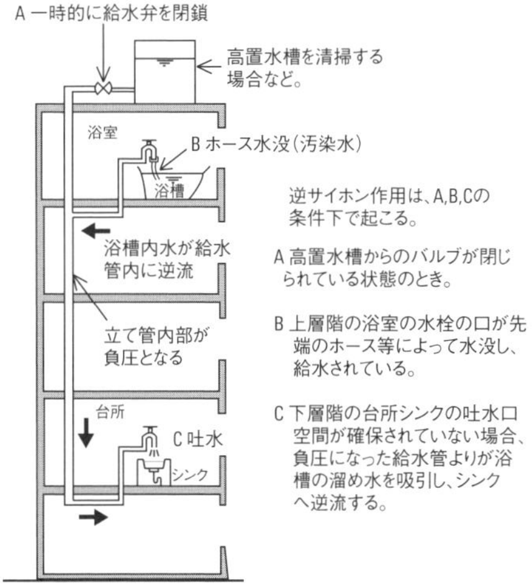

図13.11　逆サイホン作用による汚染の例

図13.12　灯油の給油ポンプの原理(サイホン作用の例)

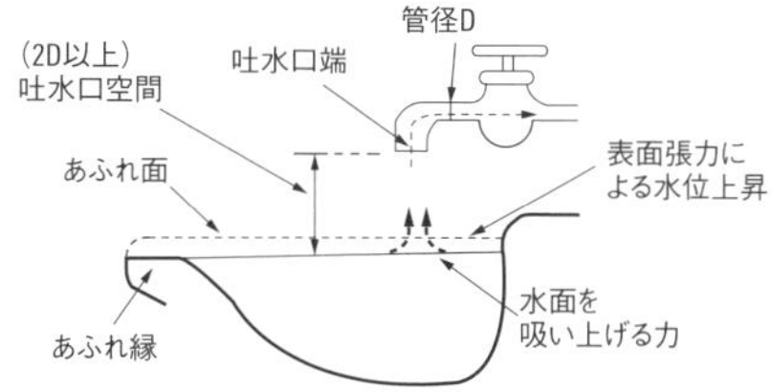

図13.13　吐水口空間

作用が生じないようになっています[図13.13]。

図13.14　打たせ湯(写真提供:赤井仁志)

給湯設備の安全性——レジオネラ症

温泉に浸って湯船でくつろぐと、身も心もリフレッシュできます。また、露天風呂の打たせ湯[図13.14]の刺激感も気持ちよく感じます。しかし、銭湯や大浴場などのお湯にも危険がいっぱいあります。その代表的な例がレジオネラ感染症です。2002年7月に宮崎県日向市の日帰り温泉で、295名がこれに感染し7名の死者がでる大事故につながりました。その原因となったのがレジオネラ属菌とよばれる細菌です。この菌は35～36℃の湯水に最も多く繁殖します。銭湯や多くの温泉施設では、捨て湯ではなく、いったん浴槽に貯めた湯を消毒装置、ろ過機、熱交換などを通して、再加熱して循環させて使用する循環浴槽が用いられています[図13.15～16]。
レジオネラ属菌*13は、その中の壁面や給湯管内に付着する生物膜(バイオフィルム)*14内で繁殖します[図13.17]。それによって汚染された湯を打たせ湯やシャワーなどに使うと、空中にエアロゾル(微細なしぶき)、微細な粒子として巻き散ら

*13——レジオネラ属菌(在郷軍人病):入浴施設で感染した例が多数報告されており、中には死亡例もあります。感染は菌を含んだ水滴(エアロゾル)を人が口や鼻から吸入すると、風邪等の他の症状により抵抗力の弱い人が感染しやすい感染症です。フィラデルフィアで米国在郷軍人大会が開催されたとき、大会期間中に高熱等の症状を発症した患者の2/3が在郷軍人とその家族だったことから、在郷軍人病と呼ばれるようになりました。

*14——バイオフィルム:微生物の集合体のことです。数種の細菌がコミュニティーをつくって増殖した膜状のもので、細菌が外的要因(薬剤、体内の免疫反応、口腔内の環境変化など)から身を守るためにつくります。

図13.15　循環風呂（写真提供：赤井仁志）

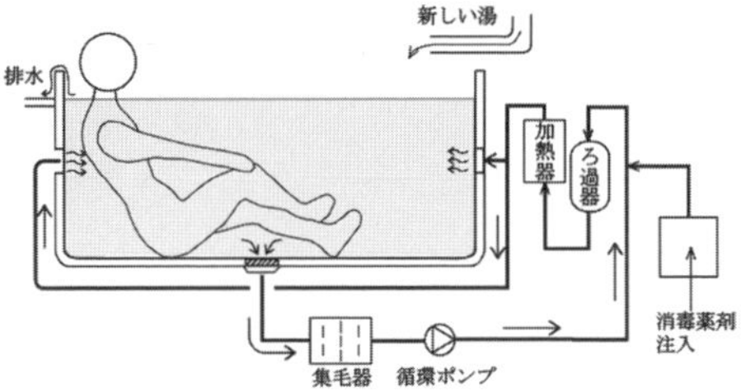

図13.16　循環浴槽の湯の循環

され、それを肺に吸い込むと感染の原因になります。健常者では感染の危険性は少ないですが、体力の低下した高齢者や病人、乳幼児などは注意が必要です。循環式の浴槽では1週間に1回以上は新しい湯と交換すること、貯湯槽の温度をつねに60℃以上に、給湯栓（蛇口部分）での温度も55℃以上に保つように設計することが大切です。また、最近、温泉に行かれて少し塩素臭さを感じられた方もおられるかと思いますが、循環浴槽式の温泉施設では湯水の定期的な水質検査を行い、塩素消毒し、レジオネラ属菌への殺菌対策を行っているからです。ですから、こんこんと湧き出る天然温泉水を贅沢に捨て湯式として使っている場合は、衛生上はこのような心配はないもの考えられます。

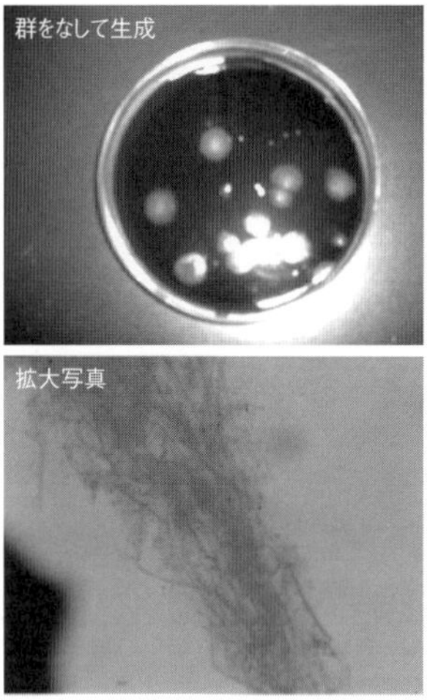

図13.17　レジオネラ属菌（写真提供：野知啓子）

排水設備の安全性
——トラップの破封とSARS

家庭にある洗面器、手洗器などからの排水を行う排水管には、U字型やS字型をした湾曲した配管が設置されています[図13.18]。また、形はこれらとは異なりますが、洗濯機や浴槽からの排水や、台所シンクの排水にも同じようなものが設置されています。これをトラップとよびます。それらは、建物内や敷地内の排水管に接続され、その末端は道路に埋設された下水管に接続されています。排水管内は臭気もひどく、害虫なども蔓延している不衛生な状態です。そのため、配管を湾曲させそれに水を溜め、栓をすることで、それらが室内へ侵入し

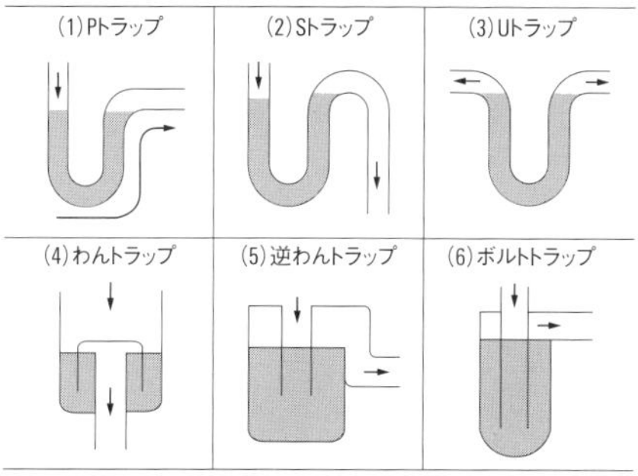

図13.18　トラップの種類

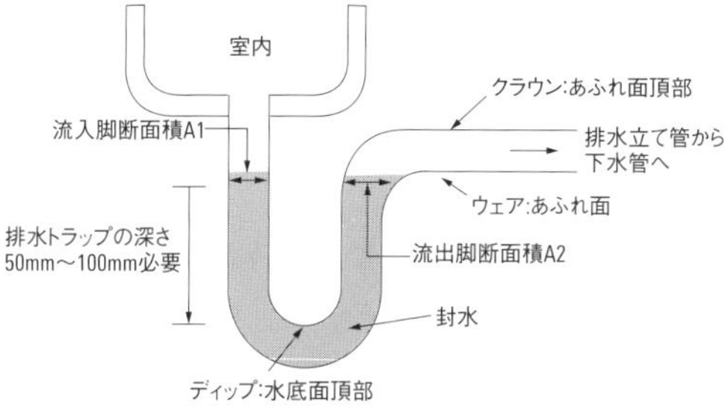

図13.19　トラップの構造。排水トラップの深さは、ディップからウェアまでの垂直距離をいう

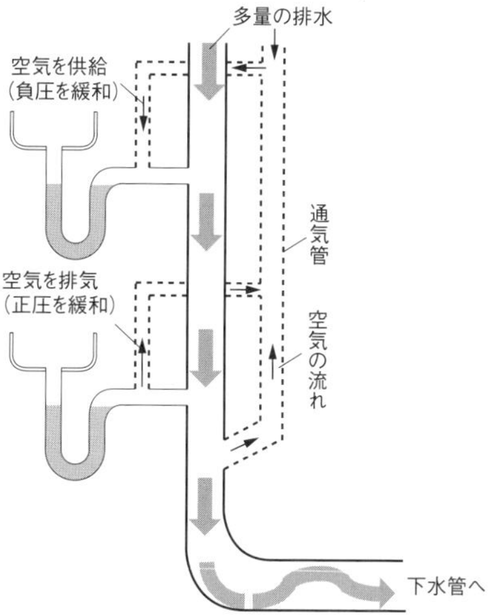

図13.20　通気管の役割

てくるのを防いでいます[図13.19]。

トラップ内部に溜まった水を「封水」とよびます。トラップの各部分には、ディップ(水底面頂部)、ウェア(あふれ面)、クラウン(あふれ面頂部)などの呼び名がつけられていて、ディップからウェアまでの垂直距離を排水トラップの深さとよび、その寸法は建築基準法で一般的なものは50～100㎜と決められています。水深がディップより下がると、防臭や防虫の効果がなくなります。この現象を封水が破れるという意味で「破封」とよびます。破封現象の代表例として、洗面器で貯め洗いをした際に、洗面器より水がなくなる最後にゴボゴボ音がしてディップを空気が通過する現象があります。これを「自己サイホン作用」とよびます。そのほかに、高層のマンションの最上階から一気に浴槽やトイレなどの多量の排水が流されると、排水管内に吸引圧力(負圧)が生じてトラップの封水が吸引されてなくなったり、下層階ではトラップの封水を押し

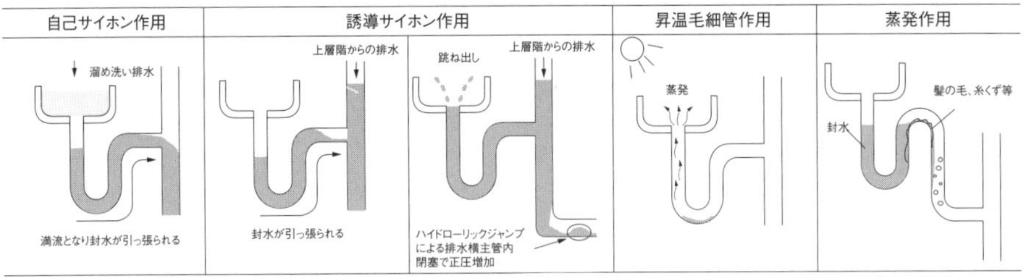

図13.21　トラップの破封現象

出す圧力(正圧)が生じて跳ね出してしまうこともあります。これを「誘導サイホン作用」といいます。これは排水が多量に流れると、管内の圧力変化によって起こる現象で、空気を供給したり、排気し圧力を調整する通気管*15を設置して破封を防ぐ必要があります[図13.20]。それ以外にも、糸くずや髪の毛が引っかかり封水を吸い上げる「毛細管作用」、暑さで封水が蒸発する「蒸発作用」などがあります[図13.21]。

2003年春、香港の高層マンションアモイガーデン*16の住民が、下水管からSARS*17とよばれるウィルスに感染し多くの住民が亡くなりました。これは世界を震撼させた大事故でした。ウィルスは、下水から排水管を通り破封したトラップから室内に侵入し、吹抜け空間(ライトコート)に面して設置された近隣住戸の窓と換気扇から各階へ蔓延していったと考え

*15——通気管:多量の排水によってトラップの封水が破封するのを防止するために、管内の空気圧力を小さく抑える通気の供給、排気を行う管。

*16——アモイガーデン:香港の各棟35階程度、10棟ほどからなる高層アパート群。各棟1000人以上の住人が居住していて、ショッピングモール、映画館などを併設している施設です。

*17——SARS:Severe Acute Respiratory Syndrome(重症急性呼吸器症候群)の略。主な症状としては、38℃以上の発熱、咳、息切れ、呼吸困難などの症状があり、胸部レントゲン写真では肺炎または呼吸窮迫症候群(ARDS)の所見(スリガラス状陰影)が見られます。

図13.22　アモイガーデン(香港)

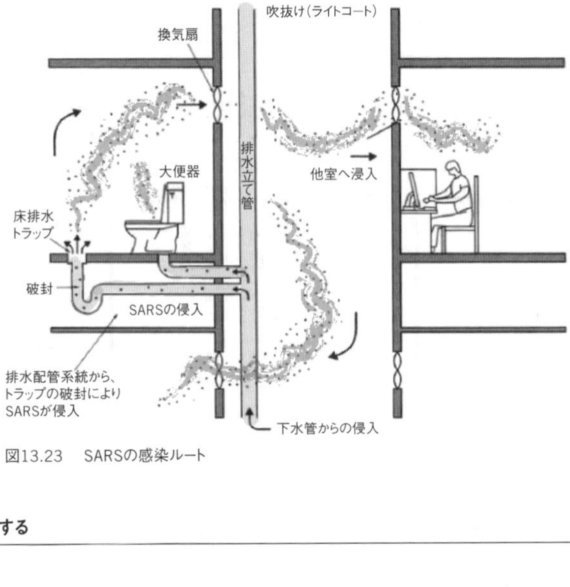

図13.23　SARSの感染ルート

られています[図13.22~23]。わが国にも超高層集合住宅が多く建ち並んでいます。排水設備では、トラップの封水を確保することが大切です。一度、破封をきたすと重大な事故に発展する可能性があるので、破封しないように排水トラップの深さを建築基準法の通り確保するとともに、排水管内の圧力変化などによってトラップが破封しないように、排水管や通気管の設計を正しく行うことが大切です。

14 水周りの節水と湯の消費エネルギー

建物の用途と水の使われ方

我々の日常生活における水使用のパターンは、ライフスタイルや建物の用途によって異なります。たとえば建物の用途ごとに、1日の使用水量の変化を考えます。使用水量については、住宅では朝・午前中の炊事・洗濯と夕方から夜にかけての炊事・入浴時にピークが発生する「二山形」となります。また、オフィスでは出勤時から徐々に増え、午前中から夕方まで多少の変動はありますがほぼ一定の使用量を示す「富士山型」となります。これは一般的な使用パターンですが、単身者や夫婦共稼ぎの家庭、勤務形態の違うオフィスではこれらとはパターンが異なります[図14.1]。また、一般に住宅における1日の使用水量は1人当たり240〜300ℓ程度（4人家族で1m³が目安）で、その使用割合はトイレが28%、風呂が24%、炊事23%、洗濯16%、洗面・その他9%であることが報告されています。そのため、トイレや風呂での節水化が水使用量に削減に大きく効いてくることになります[図14.2]。同様に1日の使用水量は、1人当たりオフィスビルでは80〜100ℓ程度、大学・高等学校・中学校では50〜100ℓ程度といわれています[表14.1]。

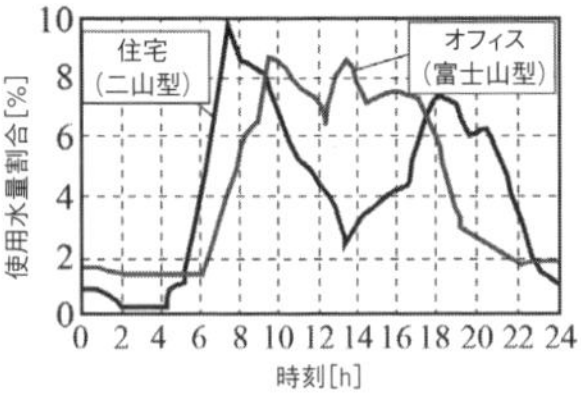

図14.1　1日の水使用パターン（住宅とオフィスの例）

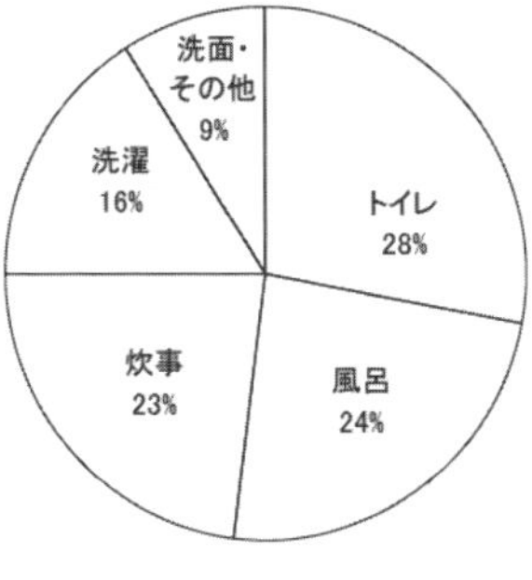

図14.2　家庭における用途別の使用量の割合

表14.1　建物内での1人・1日当たりの使用水量

建物用途	使用水量		使用時間[h/日]
住宅・集合住宅	240〜300	L/人	15
オフィス	80〜100	L/人	10
総合病院	800〜900	L/床	12
大学・高等学校・中学校	50〜100	L/人	6〜9

床：ベット数のこと

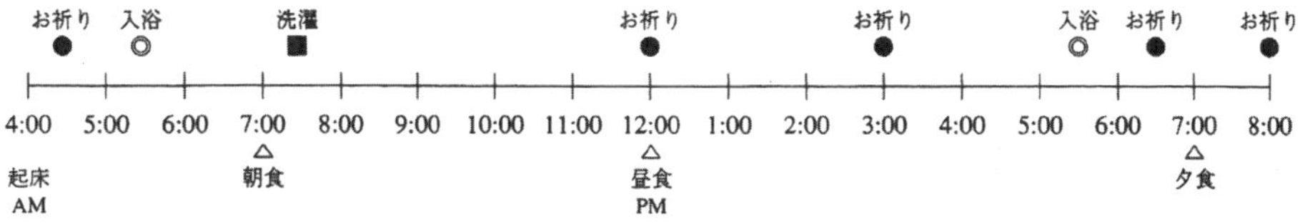

【水使用量／人の概略】＊）ヒアリングに基づく筆者の試算

(1) ● お祈り 5（ℓ／回）×5（回／日）…………25（ℓ／日）
(2) ◎ 入浴 40～50（ℓ／回）×2（回／日）……80～100（ℓ／日）
(3) △ 食事用意・後かたずけ
5（ℓ／回）×3（回／日）…………15（ℓ／日）
(4) ■ 洗濯 60（ℓ／回）×1（回／日）…………60（ℓ／日）

合計　約150～200（ℓ／日）程度

図14.4に見える手桶の容量が約1ℓ　（wc利用等を含む）

図14.3　インドネシアでの生活パターンと水使用の考察（1995年当時、筆者考察）

図14.4　インドネシアでのトイレなどの水周り

海外では、生活文化や習慣の違いから様々な水使用パターンが考えられます。たとえばインドネシア国ではイスラム教徒が多く、彼らは1日5回の礼拝を行います。礼拝にあたり礼拝者は水で手足などを清めます。この行為をウドゥ（手水）とよびます。また、トイレで用を足すと専用の容量が1ℓ程度の柄《ひ》杓《しゃく》に水を溜めて腰からお尻に流し、数回の洗浄を行います。また、中国や台湾では、排泄後、使用したトイレットペーパーを流さずに、ごみ箱に入れて処理する習慣もあります。このように生活行為や水使用パターンが世界各国でも異なりますので、給水設備の設計では、それぞれのライフスタイル、使用水量、水使用のピークの発生状況などを考えた設計を行う必要があります[図14.3、4]。

トイレの節水化

日常の排泄行為での洗浄水量は、国際的にも削減化の傾向にあります。わが国では大便器の1回の洗浄に使用される水量は1980年代に13ℓが主流でしたが、2000年代に入り6ℓとなり、さらに削減され現在では5ℓ以下の製品も市販されています。アメリカでは、1992年にエネルギー・ポリ

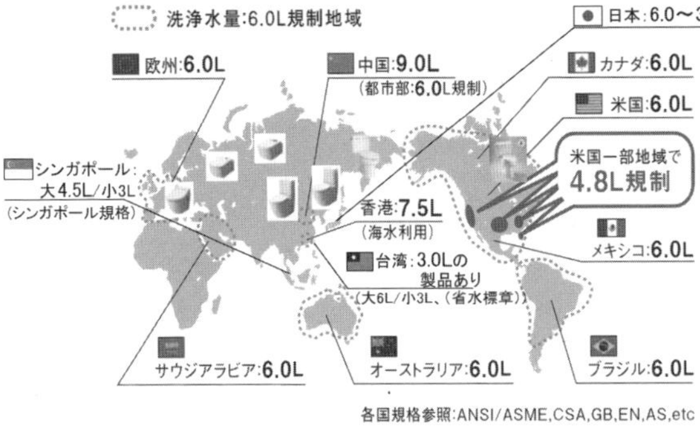

図14.5　世界各国での節水型の大便器の洗浄水量の動向(資料提供:TOTO)

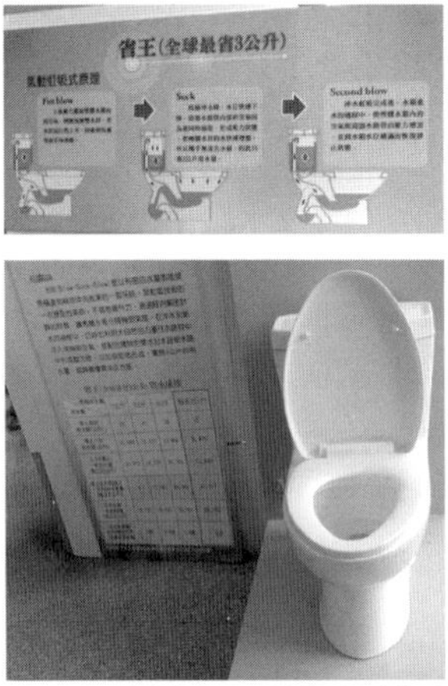

図14.6　洗浄水量3ℓの節水型の大便器(台湾)

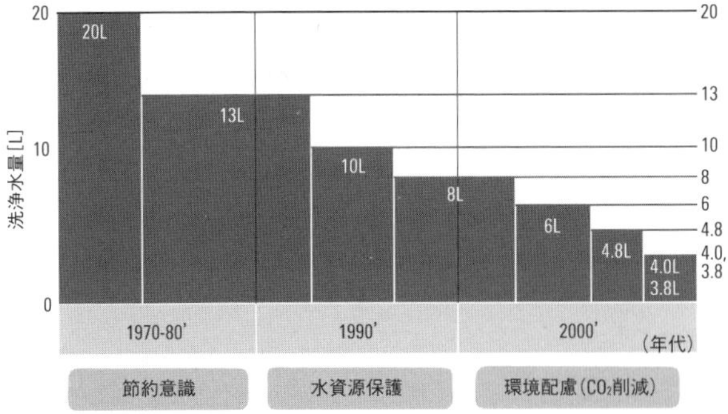

図14.7　日本における大便器の節水化の動向

シー・アクト法*1が制定され、これによって、国内の大便器の洗浄水量は6ℓに規定されました。この法律の制定が契機となり、その影響はやがて日本にも及び、1999年にUR都市機構(当時の住宅・都市整備公団)が6ℓの大便器を採用したのが節水化の契機となったと思われます。現在では、アメリカの西海岸などの一部の地域では、洗浄水量を4.8ℓに規制しています。その他、砂漠の多いオーストラリア、水事情の厳しい中国などでも節水型の大便器が普及してきています[図14.5]。台湾では洗浄水量3ℓの大便器も市販されています[図14.6]。わが国においても、1970年代に比べ大便器の洗浄水量は1/3〜1/2程度に削減されています。この動向については、過度な節水化であるとの反対の声も聞こえます[図14.7]。

*1——エネルギーポリシーアクト法:Energy Policy Act。1992年にアメリカで制定された全体的なエネルギー効率の向上を目指すための法律。同法では、国の輸入エネルギーへの依存を軽減させるため、再生可能エネルギーの利用により、建物の省エネルギー化の促進を図っています。

大便器の洗浄方式

汚物やトイレットペーパーを便鉢から排出させ排水管内を円滑に搬送させるために、様々な洗浄方式の大便器が開発されてきました。代表的なものが、洗落し式とサイホン式です。洗落し式は、洗浄タンク内から排出される水の落下によって便鉢内の汚物などを一気に排出させるものです。また、サイホン式は大便器内の折れ曲がった排水流路を排水が満流で流れることによって生ずるサイホン作用によって排出させるものです[図14.8]。

また、かつては、住宅用の大便器はロータンクとよばれる洗浄タンク付きのものが主流でしたが、最近では給水管の水圧を利用しながら排出するため、ロータンクの不要なタンクレス型の大便器も普及しています[図14.9]。素材も陶器製のものが主流ですが、樹脂製のものも開発され市販されています[図14.10]。

そのように様々な大便器が市販される中で、洗浄水量を削減することによって、本来、大便器の機能として必要であっ

種類	洗落し式	サイホン式
平面図 断面図	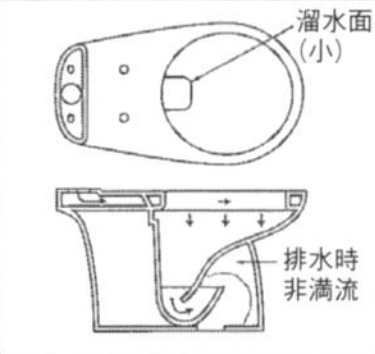	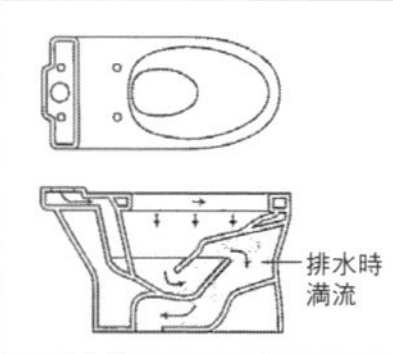
特徴	・洗浄時に便器トラップ部の溜水面が上昇し、その落差によって汚物を器外に排出する方法である ・十分な落差を得るために、溜水面はあまり広くできず、比較的乾燥面が広いため、サイホン系の便器に比べ臭気、汚物の付着は多い	・構造的には洗落し式と似ているが、洗浄の際、排水路内を屈曲させて排水路内を満水にし、サイホンを起こすことによって汚物を吸引して器外に排出する方式である ・排出力が強く、洗落し式に比べると溜水面は広く、水封も深いため汚物は水中に投入され、臭気の発散、汚物の付着が少ない

図14.8　代表的な大便器の洗浄方式の種類

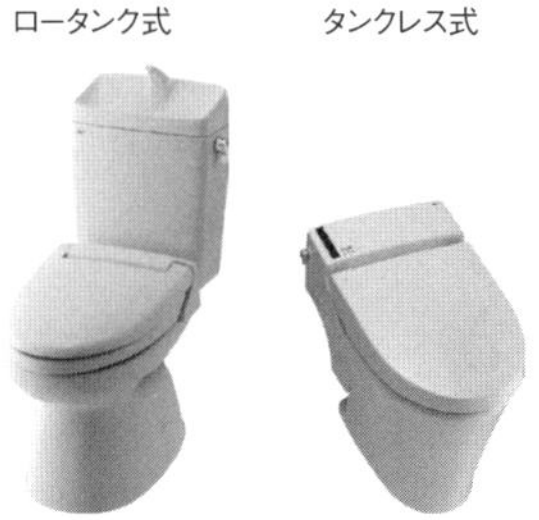

図14.9　大便器の外観
(写真提供:TOTO,LIXIL)

図14.10　樹脂製大便器の例(写真提供:Panasonic)

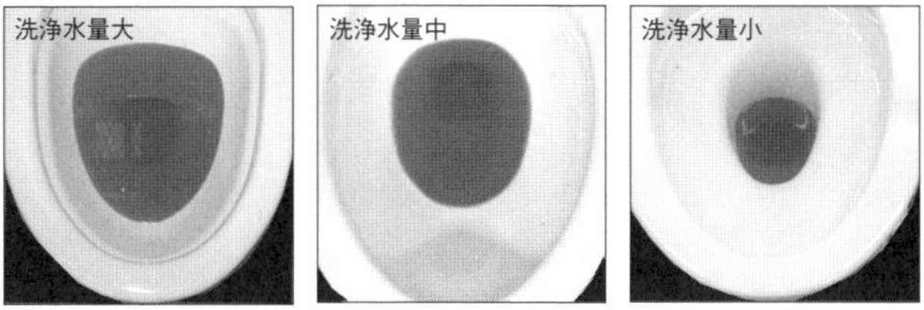

図14.11　節水化と大便器の溜水面の変化

た溜水面[*2]が狭くなり、便鉢内の汚れが付着しやすく、トイレットペーパーなどが便鉢内に詰まり排出できないなどのトラブルも発生します[図14.11]。また、排水管内に汚物が停滞して円滑に搬送できなくなることも懸念されます。そこで、メーカー各社では、新しい洗浄方式や便鉢内の汚れの付着を抑制するような素材の開発に努力し、それらに対応しています。日本の素晴らしい技術開発を垣間見ることができます。

*2――溜水面:便鉢内に溜まっている水面を指します。溜水面が広いほど、使用時に便鉢に汚物が付着しにくくなり、臭気の発生を抑制できます。

汚物の搬送性能と排水習慣

節水化によるもう一つのトラブルは、大便器から排出された汚物やトイレットペーパーが排水横管内で停滞して搬送できなくなることです。これを搬送性能の低下といいます[図14.12]。

汚物の搬送性能の確認は、大便器に透明の排水横管を設置して、便鉢内にトイレットペーパーやスポンジによる代用汚物[*3]を混入させて行います。そのとき、これらの代用汚物がスムーズに一定の距離(搬送距離)を流れれば、十分な搬送能力があるものと判断しています[図14.13]。

*3――代用汚物:汚物の搬送性能の確認の際に、汚物の代わりとして大便器から流す試験体のことをいいます。

さて、オフィスビルや学校に目を転じてみましょう。本来、わが国では女性はエチケットとして、トイレ使用音のマスキング(排泄音隠し)のために洗浄水を2回流す、いわゆる2度流しを行っていましたが、これによって節水効果は半減してしまいます。そこで、洗浄時の洗浄音を疑似的に発生させて音を

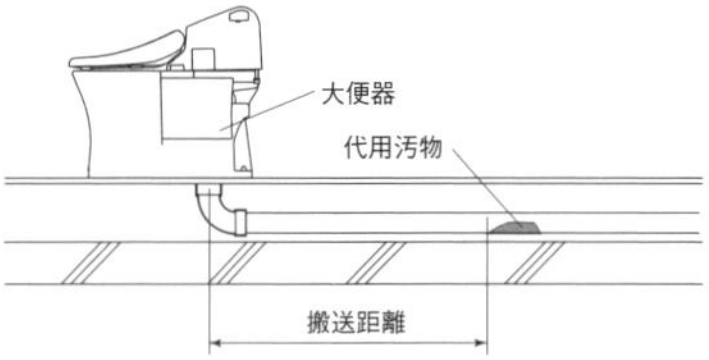

図14.12　排水横管内における汚物の停滞

図14.13　排水横管内での搬送性能の確認の様子

図14.14　女子トイレに設置される擬音装置

消す擬音装置が開発され普及しています[図14.14]。オフィスビルを従来のトイレから節水型に変え、擬音装置を採用したことで女子トイレでの使用水量は、採用前の約半分に削減できたことも報告されています。しかし、この2度流しの習慣は、わが国の伝統的な風習のようで、海外ではこのようなことはほとんど気にしないようです。これもまたライフスタイルの違いによる設計を考慮しなければならない点です。

湯の消費エネルギー

住宅で消費するエネルギーの内訳に目を向けるとと、その占める割合が一番多いのを冷暖房用エネルギーと答える人も多いと思います。しかし、ライフスタイルの違いにもよりますが、給湯エネルギーが30%以上を占め、冷暖房による消費エネルギーよりも割合が大きいといわれています[図14.15]。給湯設備は、給水設備に比べ通常温度の水をガスや電気を用いて高温に昇温させるため、エネルギーを必要とします。家庭における省エネルギー化を考えると、日常、入浴や台所で使用する湯を無駄なく使うことが大切です。先に入浴や炊事などで多くの水を使用することを述べましたが、同時に湯としての使用も行われていることに注意してください。

浴室シャワーの節湯と浴槽の省エネルギー

浴室で使うシャワーには、様々な形態があります[図14.16]。湯を節約するには、手元に一時的に水が止められる止水機能のある節湯型シャワーヘッドの採用が有効です。実験結果に

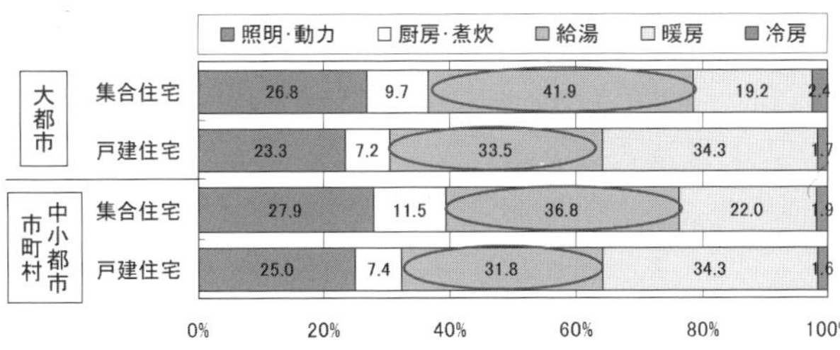

図14.15　住宅における用途別の消費エネルギーの割合　⬭:給湯

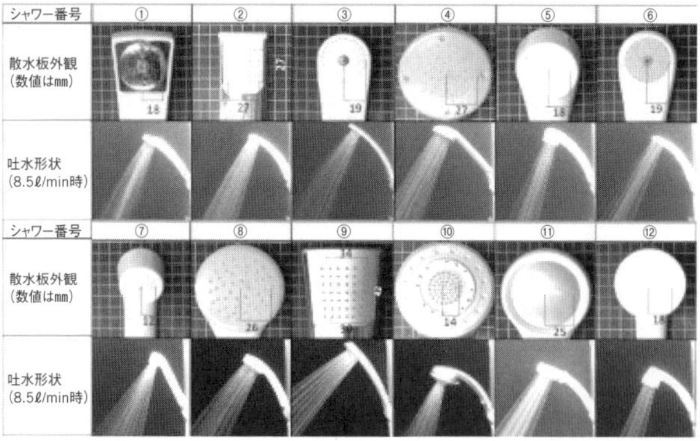

図14.16　様々なシャワーの形状の例

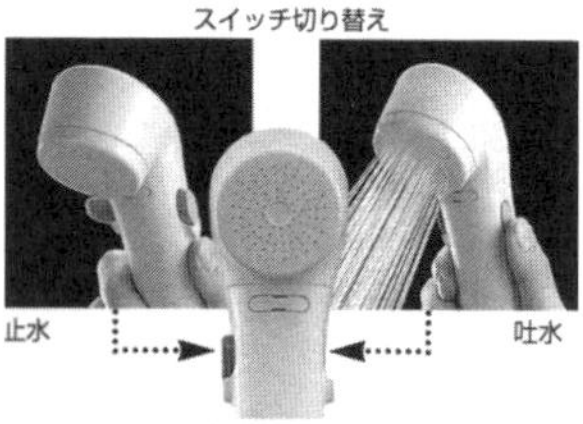

図14.17　止水機能付きシャワー

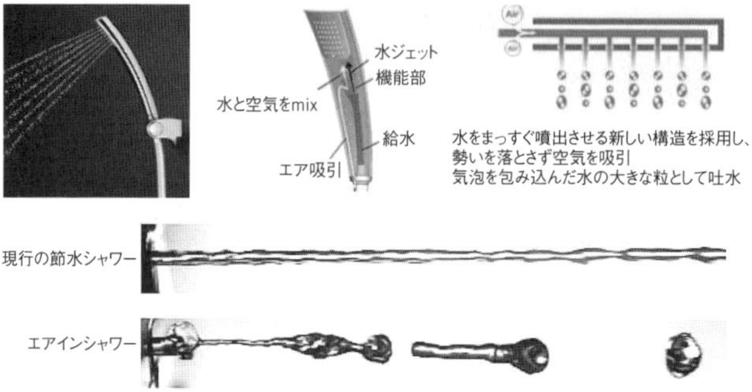

図14.18　気泡を混入させた節水シャワー

よれば、止水機能が付いていないものに比べ20～30%の節湯効果があるという報告がされています[図14.17]。湯の節約ばかりではなく、浴び心地のよさを向上させるシャワーも市販されており、先端から噴射する水の勢いを落とすことなく空気を誘引し、気泡を吸いこんだ大きな水滴を出すことで、従来に比べ約20%の湯水の節約ができるものも市販されており、浴び心地のよさも改善されています[図14.18]。

一方、冬季などは浴槽の温度がすぐに低下してしまいますし、追いだきをすることもがあると思います。それは浴槽のふた、下部、周囲の壁を通して放熱してしまうからです。そこで、一種の魔法瓶のように浴槽周辺を断熱性の高い素材で被い、上ふたも断熱性の高いふたをしてしっかり締めることで、放熱によるエネルギーロスを少なくした断熱型浴槽も考案さ

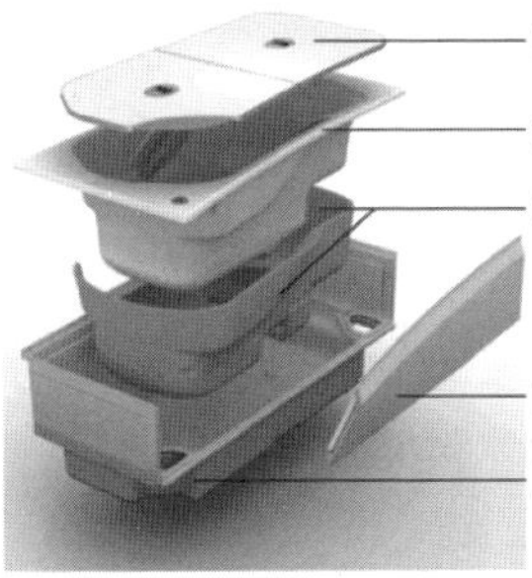

図14.19　断熱型浴槽(写真提供:TOTO)

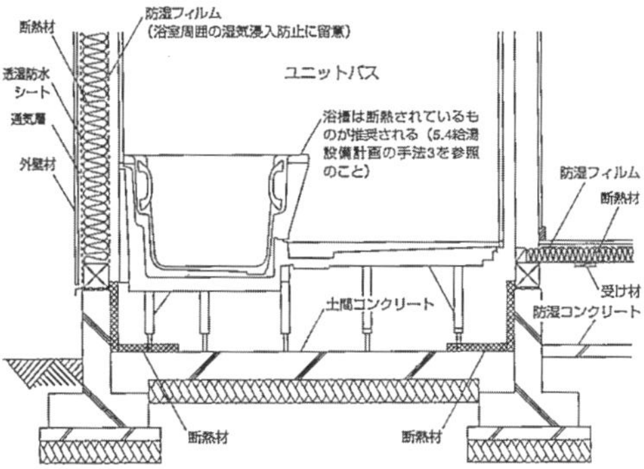

図14.20　浴室周り全体の断熱性の向上

れています。それによって浴槽の温度低下を冬季でも4時間で2℃未満に保持でき、エネルギーが放熱によって逃げるのを少なくしています[図14.19]。また、浴室周り全体の断熱を高めることも、省エネルギー効果を向上させることにつながります[図14.20]。

台所のシングルレバーの節水・節湯

浴室で使用するシャワーと同様に、台所で使用する水栓にも様々なものがあります[図14.21]。

皆さんは、日常、無意識に台所の近くに設置されているガス給湯機のスイッチを入れたまま、台所シンクのシングルレバー

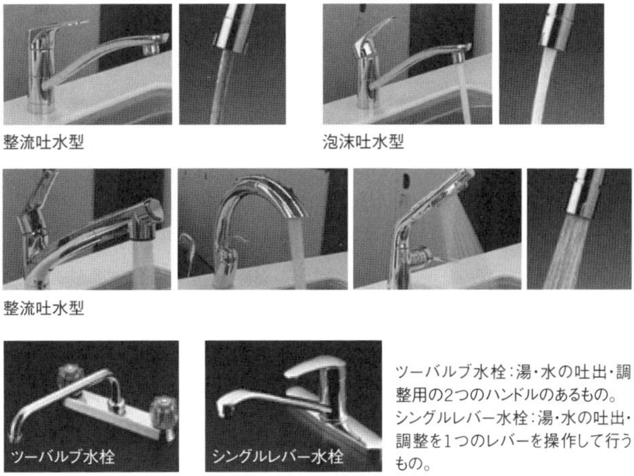

ツーバルブ水栓:湯・水の吐出・調整用の2つのハンドルのあるもの。
シングルレバー水栓:湯・水の吐出・調整を1つのレバーを操作して行うもの。

図14.21　様々な台所水栓の例

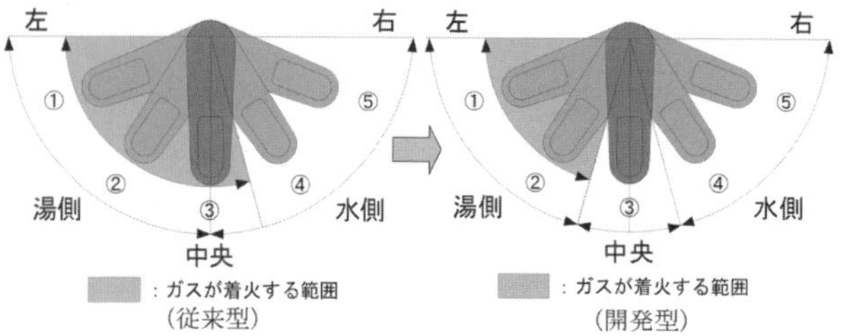

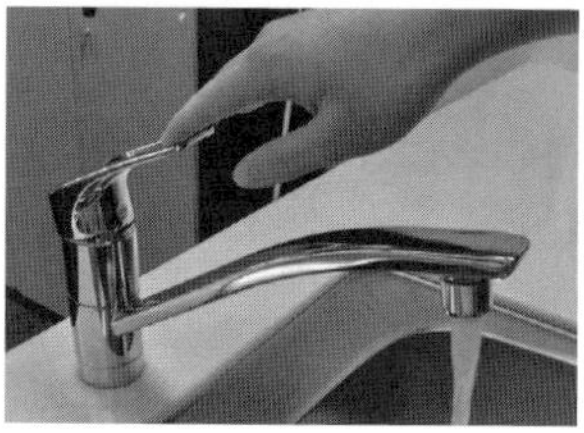
外観も従来と同じ

図14.22　節湯型シングルレバー水栓

水栓を中央位置[図14.22の②]で操作していることはありませんか[図14.22]。水と思って使っても、そのときに出ているのは湯水が混合しており、そのときにガス給湯機にはガスが着火していますので、知らず知らずのうちに無駄なエネルギーを消費していることになります。そこで、中央位置で使用する際には、いつも水だけしか出ないシングルレバー水栓が開発されました。その結果、従来に比べ年間を通して約30%の給湯量の削減が期待できることも報告されています。この節湯型のシングルレバー水栓は外観も操作性もまったく従来のものと変わりませんが、単に中央位置で操作した際に水のみを吐水するように吐水機構を改良したものです。このように、人の何気ない生活行為によって、無駄な湯の消費がされていた点を、実にシンプルな発想で改善できた事例です。

太陽熱利用給湯システム

屋根や屋上に設置され、太陽の熱を利用して給水を暖めて給湯を補助する太陽熱温水器は、集熱部分と貯湯層が一体化しており、構造もシンプルなうえに高い省エネルギー効果が得られるので1980年代から普及してきました[図14.23]。それに対して、太陽熱利用給湯システムは、集熱部分と貯湯槽部分に分かれ、太陽熱で予熱された湯を貯湯タンクに貯め、その給水を補助熱源機を通して暖め直して浴室やキッチンに給湯されるほか、冬季には床暖房用としても用いられます[図14.24]。

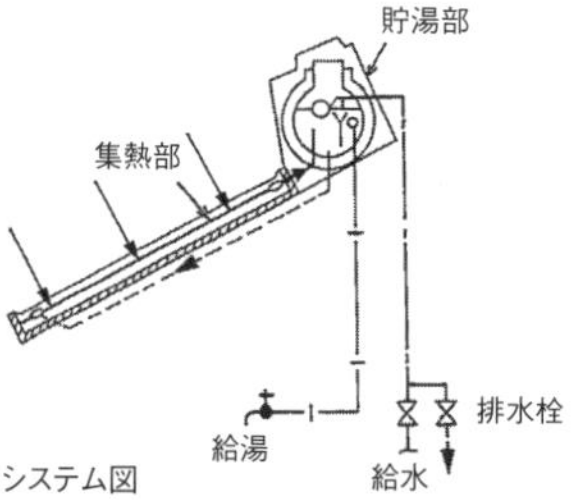

システム図

図14.23　太陽熱温水器（テラ・アンビエンテHPより）

未利用エネルギーである太陽光を利用した給湯システムで

図14.24　太陽熱利用給湯システム

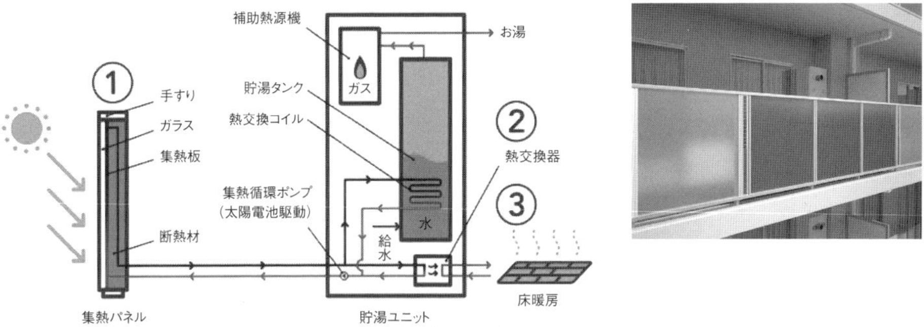

図14.25　ベランダに設置する太陽熱利用給湯システム(資料提供:東京ガス)

は、年間を通して最も効率よいエネルギーを集めるために、集熱器の設置方法や傾斜角の設定が問題になります。東京を例にすると、真南から10°東向きの方位とし、傾斜角度30°で年間の最大の熱エネルギーが集熱できるとされています。

省エネルギーをキャッチフレーズに省エネ効果の高い給湯システムが開発され、普及することは有効ですが、太陽熱利用給湯システムのような昔ながらの実績のある技術も活用することが大切だと思います。最近では、マンションのベランダ部に集熱部材を設置できるものや、床暖房などにも活用できるものも開発されています[図14.25]。

使用エネルギーの見える化

今まで述べてきたように、水周りでも様々な節水・節湯を機械的に促進する技術が開発されてきています。ただ単に、それらの技術を多く導入すればそれで効果が得られるのかといえば、そうではありません。いうまでもなく、それを使う使用者が省エネルギーや節水・節湯化といった環境配慮への意識を、もたなければ役に立ちません。今後は、近所の住宅と住宅の間で余ったエネルギーを融通しあったり、省エネルギー意識を啓発させるために、消費エネルギーをiPadや家庭のモニターなどに表示するいわゆる「消費エネルギーの見える化」技術も普及してくると思います。現在、太陽光発電や給湯機器などをネットワークで結び、有効にコントロールしながらエネルギーを効率的に運用し、CO_2排出量を削減させることを目的としたスマートハウス[*4]が注目されています。一般に水周りの空間や機器からのCO_2排出量は、家庭から排出されるそれの40%程度と試算されていますので、その一環として湯・水の使用量やエネルギーの削減量の見える化技術を活用し、節水や節湯意識を高揚させる時代が到来しようとしています[図14.26]。

*4——スマートハウス:IT(情報技術)を用いて住居内のエネルギー消費を最適に制御した住宅。太陽光発電システムや蓄電池などのエネルギー機器、家電、住宅機器などを制御し、エネルギーマネジメントを行うことで、CO_2排出量の削減を実現する省エネ住宅のことをいいます。

図14.26　住宅におけるエネルギー見える化(資料提供:東京ガス)

環境に配慮した水周り空間をつくる

建築と建築設備の耐用年数は違う

住宅におけるトイレ、浴室・洗面所、台所などの水周り空間は、経年とともに劣化が著しいため、そこに設置された設備機器や配管のリニューアルが行われることや、ライフスタイルの変化に応じて配置が変更されることが度々あります。また、1960〜70年代に建設された多くの超高層オフィスビルについても、建設から40年以上が経過し老朽化が進み、改築や大規模なリニューアル工事が必要とされています[図15.1]。これはこれからの大きな課題です、建物の耐用年数*1は、鉄筋コンクリート造で約60年、木造で約30年、それに対して建築設備のそれは10〜15年といわれています。日常、特に給排水設備機器はたえず使用され、配管には水や湯などが流動しているため劣化が著しく、建物の躯体に比べ速い年月での取替えやリニューアルを余儀なくされます[図15.2]。

*1——耐用年数:建物の減価償却のための年数で、使用を予定している年数をいいます。減価償却は、長期間にわたって使用される建物に要した支出を、その建物が使用できる期間にわたって費用配分することです。それに対し建物の寿命は、その建物が実際に存在した年数をいいます。

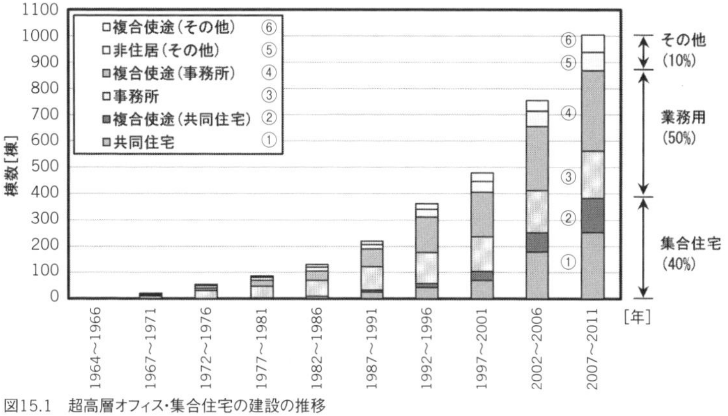

図15.1　超高層オフィス・集合住宅の建設の推移

c			年
建物	鉄骨鉄筋コンクリート造、または鉄筋コンクリート造	事務所	50
		店舗、住宅	34
		工場、倉庫	24
	鉄骨造	事務所	38
		店舗、住宅	31
		工場、倉庫	20
建物付属設備	電気設備		15
	給排水衛生ガス設備		15
	冷暖房設備		13
器具および備品	ラジオ、テレビなど		5
	電話交換機、通信機器		6

図15.2　建築と設備の耐用年数

スケルトンとインフィルとは

CO_2排出量を削減するために建物もスクラップ・アンド・ビルド[*2]の時代から、既存のストック[*3]を上手にリニューアルし、長く活用していくストックマネージメントを必要とする時代を迎えています。そのために住宅を例に挙げれば、長期間にわたり使用する共用部空間（スケルトン：Skelton）と居住者のライフスタイルの変化が想定される空間（インフィル：Infill）とを区分して、前者は耐久性の高い建築・設備システムとして計画し、後者はフレキシブルに間取り変更に対応できる建築・設備システムとして計画することで、リニューアルや用途の変更にも比較的自由に対応できる住宅が開発されています[図15.3]。これをSkeltonとInfillのイニシャルを取ってSI住宅とよんでいます。

SI住宅での給排水衛生設備の特徴の一つは、従来の集合

＊2——スクラップ・アンド・ビルド：老朽化して非効率な建物施設を解体、廃棄し、新しく効率的なものを建て直していくこと。
＊3——既存ストック：過去に建設され、現在も存在している膨大な建築資産のこと。このような既存の建物を有効に活用し、長寿命化を図る体系的な手法をストックマネージメントといいます。

ストックのリニューアル事例

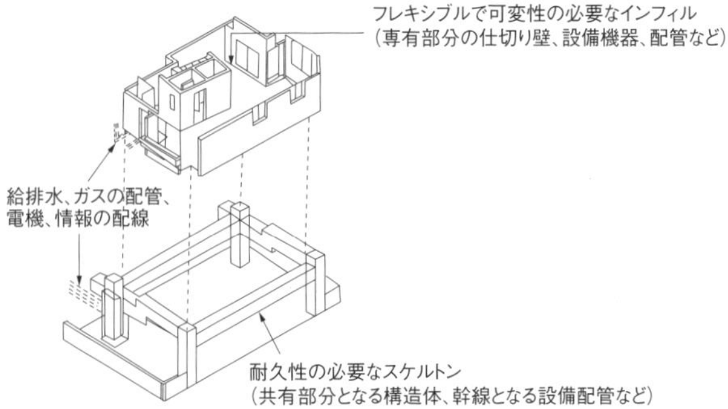

図15.3　SI住宅の概念図

図15.4　専有部分の狭小なパイプスペースでの排水立て管の更新工事の難しさ・大工事となる。

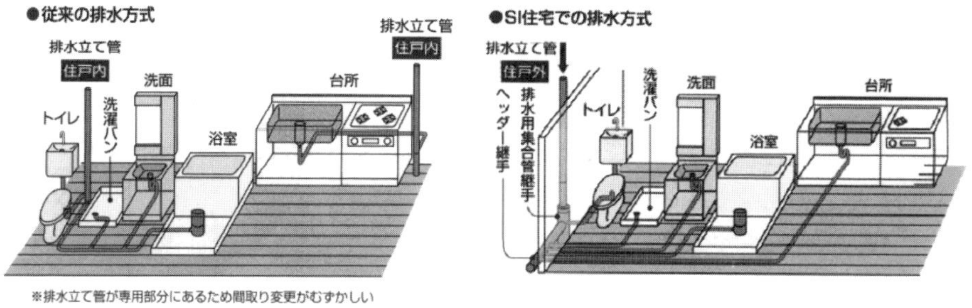

図15.5　排水立て管を共有部に集約した排水設備

＊4——専有部分と共有部分:集合住宅における専有部分とは、壁や床、天井に囲まれた居住空間のこと。共有部分とは、エントランス、共有廊下、屋上などの専有部分以外の建物部分のこと。

＊5——床ふところ:コンクリートなどの床面と木材などでできた床仕上げ材との間にできた小空間。

住宅では専有部分*4を貫通していたために、それを更新する際には、大がかりな工事を必要とした排水立て管などの立て配管類をすべて共有部分*4に設置したことです[図15.4]。これによって、更新時には専有部分へ工事のため作業者が立ち入る必要がないので、居住者への負担を小さくすることができました[図15.5]。もう一つの特徴は、専有部分の床ふところ*5寸法を従来は150㎜程度でしたが、SI住宅では250～300㎜程度と大きく確保したことです。これによって、排水立て管から遠い位置にトイレや浴室などの水周りを設置しても、床ふところ内に汚物などが搬送できる適切な勾配を確保して排水横枝管を設置することができました。この床ふところ空間は、震災時対応としてペットボトル等の飲料水、食料などを備蓄するスペースとしても活用できるものと考えられます[図15.6]。このように、将来の間取り変更や設備配管の取替えやすさを考えた建築・設備システムの開発が必要とされています。

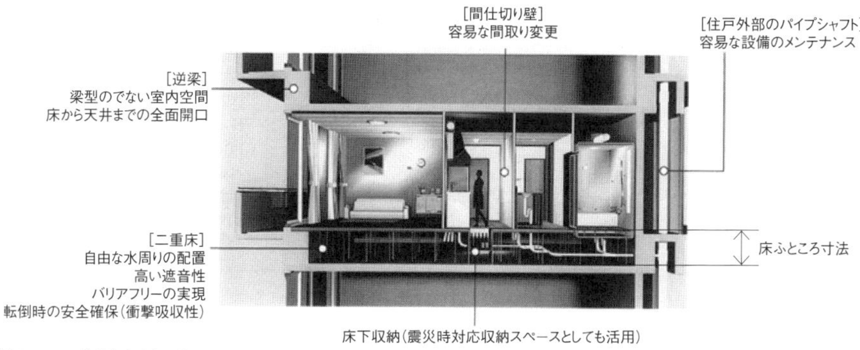

図15.6　SI住宅と床ふところ

介護用トイレと眺望のよい浴室

居住者の年齢やライフスタイルの違いによっても、住宅内でも水周り空間を設置する場所・位置への要求が異なります。わが国は高齢者社会を迎え、年齢別の人口の推移を見ると2050年には全国で65歳以上の占める割合は、約40%に達するものと推定されています[図15.7]。その際に、高齢者介護は大きな社会的問題となります。たとえば、和室を介護用に改修する際には、排泄のためのトイレ空間をベッドサイドに設けることで介護者、介助者の肉体的、精神的な負担を軽減させることができます。しかし、既設の排水管などが和室までは届かないのが普通です。そのため、床材をはがして排水管を敷設するには、大工事を伴うので排水容器の付いた簡易トイレにいったん排せつした後に、トイレに排出するのが一般的でした。これでは、臭気や衛生上の問題もありました[図15.8]。そこで、新しい介護用トイレが開発されました。これを和室の押入れなどのスペースを利用して、排水用のポンプとそれに接続された細い排水管を床や壁面に設けるなど、比較的容易な工事でトイレ空間が出来上がる仕組みです[図15.9]。使用後には、トイレに内蔵された圧送排水ポンプを使って排水立て管までスムーズに汚物を搬送できるシステムです。

また、マンションの一室から風景を見ながら入浴できる浴室

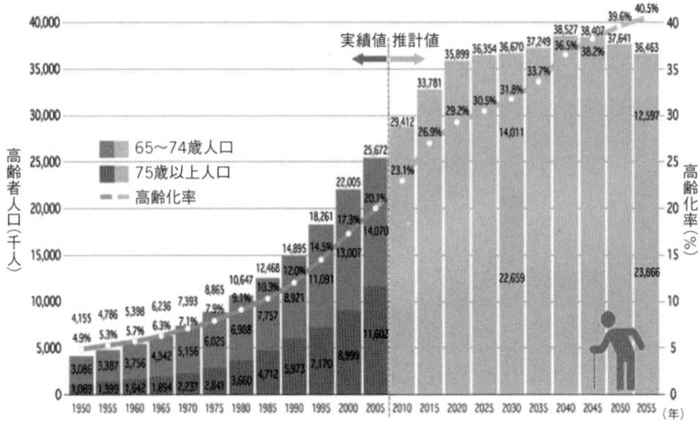

図15.7　高齢化率の推移（資料提供:TOTO）

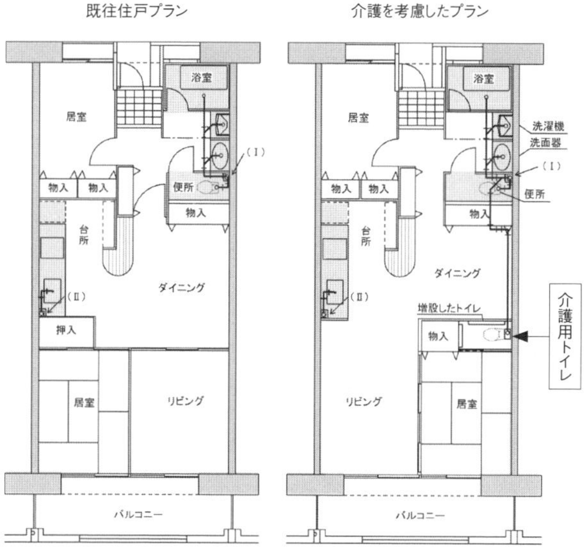

図15.8　介護用圧送トイレを設置した空間へのリフォーム

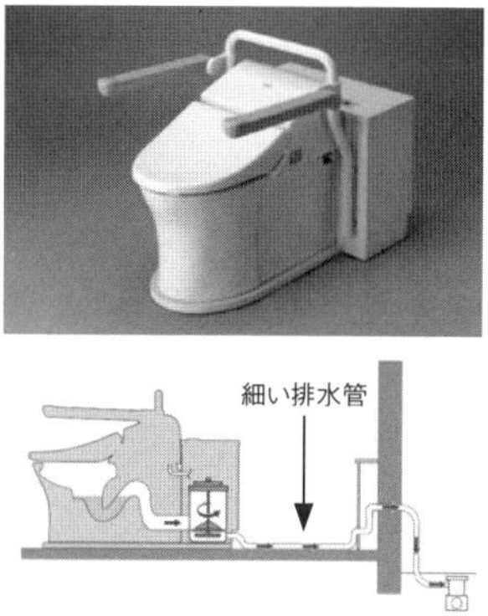

図15.9　介護用圧送排水トイレ(資料提供:TOTO)

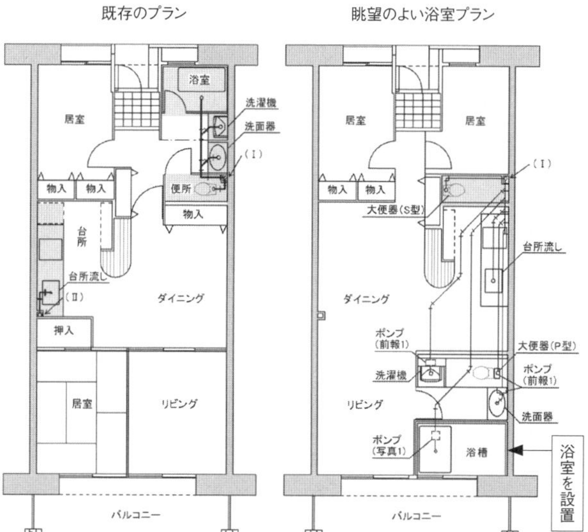

図15.10　眺望のよい浴室へのリフォーム

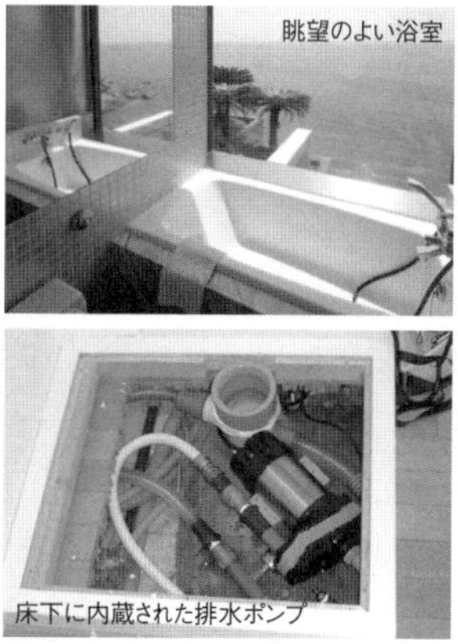

を計画したいという要求もあるかもしれません。その際にも同様に、眺望のよいスペースに浴室空間を設置し、排水は排水ポンプを駆使した方法で処理できる方法も現実化するかもしれません[図15.10]。

このように住宅の専有部分を取り壊す大がかりな工事をなくし、間取りや水空間の変更にもフレキシブルに対応できる設備配管や設備機器の開発と実用化が望まれています。

建物から出る生ごみの処理方法

2000年に「循環型社会形成基本法」が制定されたのをはじめ、廃棄物*6のリサイクル関連の法律が施行されました。その基本理念は、廃棄物・ごみのリデュース(削減)、リユース(再使用)、リサイクル(再利用)のいわゆる3R*7が基本となっています。廃棄物は、産業廃棄物と一般廃棄物に大別されますが、ここでは後者の中に入る日常生活で排出される生ごみの処理を中心に述べます。家庭から排出される生ごみの処理方法については、ごみ収集車による回収・焼却のほかに、環境への配慮や利便性・衛生性を考慮し、コンポスト容器*8などを用いてコンポスト(堆肥化)する方法、生ごみ処理機*9で乾燥させ廃棄する方法、生ごみ処理用にディスポーザとよばれる破砕機で粉砕して排水とともに処理する方法などがあります[図15.11]。

住宅区分	都市型住宅	郊外型住宅
地域区分	都市部	地方部
排水処理区分	下水道地域	浄化槽地域(非下水道地域)
<従来方法> ゴミ収集車による回収、焼却	ごみ収集車→焼却場へ 下水道へ	ごみ収集車→焼却場へ 合併処理浄化槽 河川へ
<環境配慮方法> ①コンポスト	下水道へ	合併処理浄化槽設置 河川へ
②生ごみ処理機	乾燥ごみ ごみ収集車→焼却場へ 下水道へ	乾燥ごみ 合併処理浄化槽設置 河川へ
③ディスポーザ(処理槽含む)	専用排水処理槽設置 ディスポーザ 下水道へ	ディスポーザ対応浄化槽設置 ディスポー 河川へ

図15.11 生ごみ処理方法

*6——廃棄物:産業廃棄物は事業活動において排出されるごみで、排出量が多いために環境への影響が大きい。処理の責任は排出事業者。一般廃棄物は、日常生活において排出され、産業廃棄物に比べ環境への影響が小さいもの(主に家庭ごみ)。処理責任は市町村。

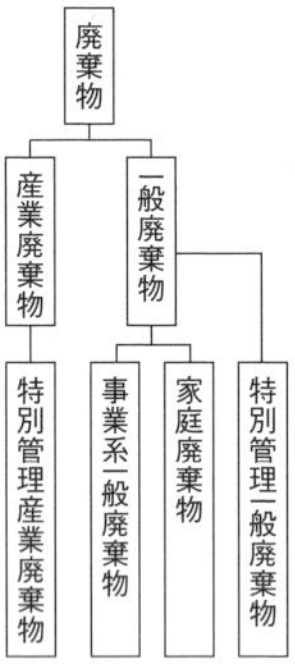

*7——3R:Reduce(減らす)、Reuse(繰り返し使う)、Recycle(再資源化)の三つの語の頭文字をとった言葉。

*8——コンポスト容器:コンポスターは、生ごみなどの有機物を微生物によって完全に分解し堆肥にするための容器。

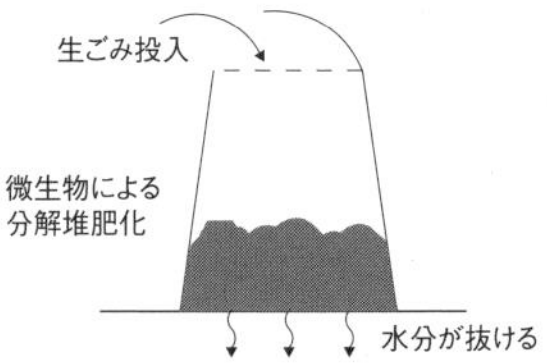

*9——生ごみ処理機:生ごみの減容化のために、生ごみを乾燥式、生物処理式などの方法で分解し減容化する機械的な装置。

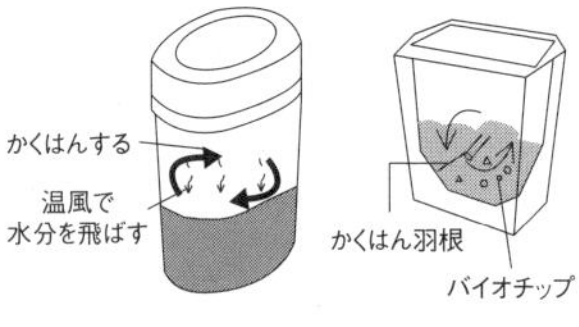

乾燥式　生物処理式

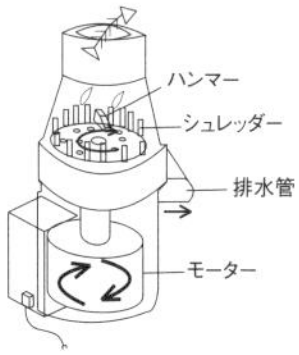

ディスポーザの構造

ディスポーザ生ごみ処理排水システム

ディスポーザ生ごみ処理排水システムは、ディスポーザ、排水配管、排水処理槽の三つから構成されます[図15.12]。排水処理槽として浄化槽*10が用いられます。わが国の高層・超高層集合住宅では、2000年以降広く普及してきました。ディスポーザとは、台所で発生する野菜くず、魚の骨などの生ごみを破砕して排水とともに流す機器です。ディスポーザは台所シンク下部に設置され、家庭で発生した生ごみを投入口から入れ、生ごみはすりつぶされ破砕し、水とともに排水され、排水管を経て排水処理槽で浄化された後に下水道へ流れ、一般の生活排水と同様に処理をされて公共用水域などに放流されます[図15.13]。

ここで大切なことは、ディスポーザからの排水をそのまま下水道へ放流すると汚濁負荷が高く、下水道の詰まりや終末処理場*10で排水処理する汚れの濃度が高く下水処理場の処理能力を超える危険性もあるため、建物内に排水処理槽を設けています。この汚れの程度を表す指標として、BOD*11、SS*12、ノルマルヘキサン抽出物質*13などがあります。それらの数値が一定の濃度以下になるように浄化して下水道などに放流し、最後に下水処理施設で処理して公共用水域へ放流します。ディスポーザは、1928年にアメリカで開発され

*10——浄化槽:生活排水を処理し、放流するための装置。

*11——BOD:Biochemical Oxygen Demandの略。水の汚れを表す指標の一つで、好機性の微生物が水中の汚れ(有機物)を酸化・分解するときに消費する酸素の量。
*12——SS:Suspended Solidsの略。水中の浮遊物質で濁りや透明度の指標。
*13——ノルマルヘキサン抽出物質:水中の油分等を表す指標。

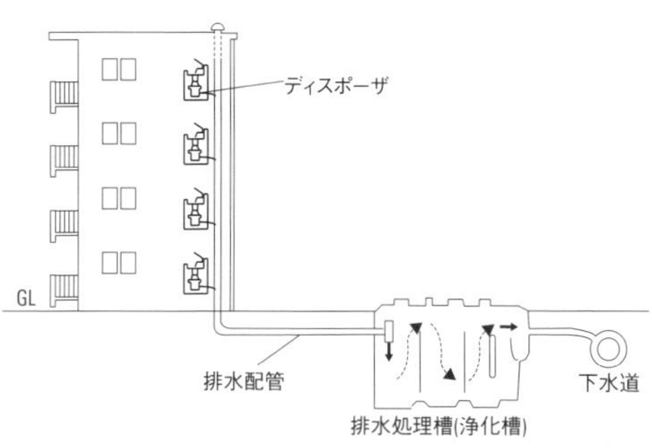

図15.12 ディスポーザ生ごみ処理排水システム

図15.13 ディスポーザへの生ごみの投入と設置状況

普及してきました。日本でも1998年頃から普及してきましたが、日本とアメリカの大きな違いは、アメリカでは排水処理槽を設けず直接下水処理施設で処理して公共用水域へ放流することです。

ディスポーザシステムは、ハエやゴキブリの発生を抑え台所周りを衛生的に保てること、回収するごみ量の削減に効果があること、生ごみの埋立て用スペースを削減できることなどの利点もあります。しかし、地方自治体によっては、やはり下水道や下水処理場への排水負荷を上げる危険性があるため自粛しているところもあります。採用にあたっては、十分に情報を得るなどの注意が必要です。

未利用エネルギーとしてのバイオマス利用

生ごみや汚泥などの再生可能なエネルギー*14の活用方法に、バイオマス*15エネルギーとしての利用があります。下水汚泥や生ごみを浄化槽や発酵槽でメタン発酵させて得られたバイオガスをボイラー、ガスエンジンを動かすためのエネルギーとなる電気や熱に変換して再利用する試みがなされて

*14——再生可能なエネルギー:太陽光、風力、水力地熱、バイオマスなどの自然の力で補充されるエネルギー資源。

*15——バイオマス(Biomass):生物資源(Bio)の量(mass)を表す概念で、一般的に再生可能な、生物由来の有機性資源で木材、下水汚泥、家庭排泄物など。

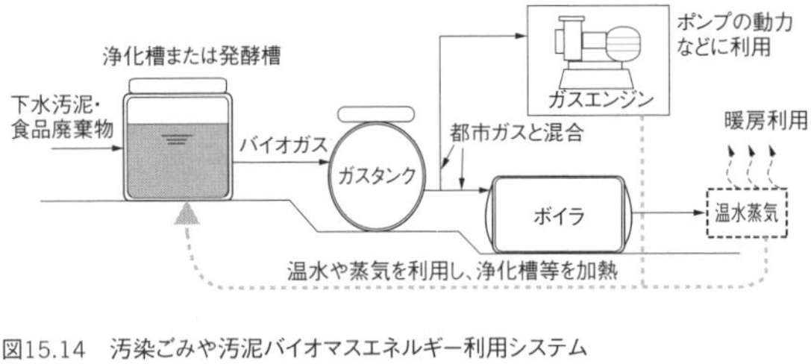

図15.14　汚染ごみや汚泥バイオマスエネルギー利用システム

図15.16　バイオマス利用施設(上田市下水処理場)*16

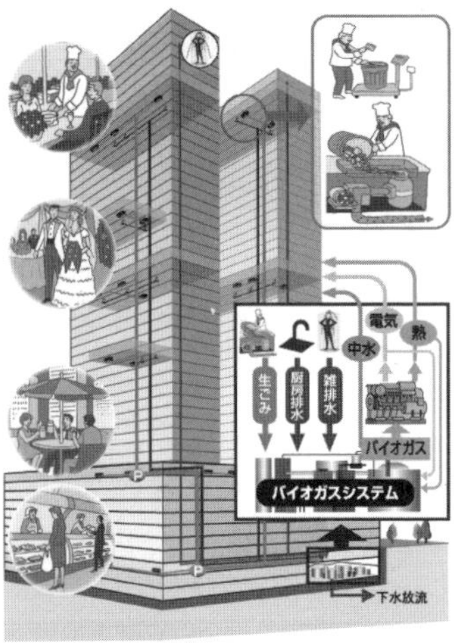

図15.15　大規模な建物でのバイオマス利用(資料提供:竹中工務店)

＊16――上田市下水処理場：上田市では、家庭のトイレ、流し台、風呂からの排水を浄化し、発生した有機物から汚泥を発生させその分解によって、高品質なメタンガスを精製し、これを天然ガス車の燃料として活用しています。

います［図15.14］。バイオガスは季節や時間によって発生量が変動しますが、それと都市ガスを組み合わせることで、安定した燃料として利用することができます。わが国でも地方自治体の下水処理場で、下水汚泥のバイオマス利用が試みられています。また、都心部に建つ大規模な建物では、そこに入るレストランや飲食店舗などから排出される多量の生ごみをバイオマス利用する試みがなされています。未利用エネルギーの利用は、CO_2の排出量を削減する低炭素化社会の実現に向けて、これからの重要な環境設備技術といえます［図15.16］。

リニューアルでの雨水・排水の循環利用を

地球環境に配慮して、建物と設備技術を組み合わせながらリニューアルする発想は、これからますます必要とされてきます。先に既存ストックの有効活用についても、その重要性を述べました。

たとえば、老朽化した建物に古い飲料用の水槽類も現存している場合には、それらを雨水利用や排水再利用設備の機器として活用していくことも有効な提案かと思います。また、トイレや洗面所に設置されている大便器や洗面器なども古く劣化している場合は、それらを節水型や節湯型の機器に取り替えてリニューアルすることも現実的な提案だと思います。一方、屋上へ緑化を施し、ビオトープなどを計画するのも、屋上に憩いの空間ができるとともにヒートアイランドの抑制にもつながりますし、建築計画的な面白味も出てきます。これらの環境共生に貢献できる様々な建築・環境共生技術を建築という場において、総合させて環境に優しい水周りの空間を創造していくことが、我々には求められています［図15.17］。

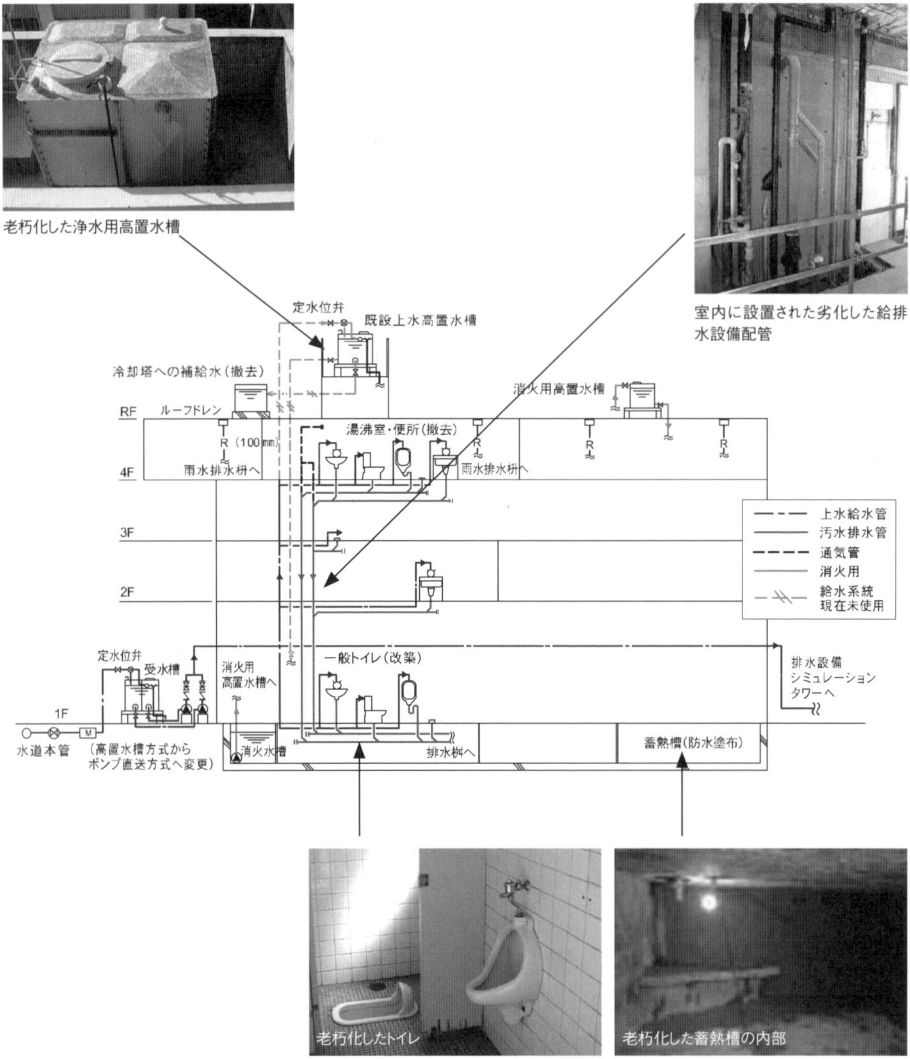

老朽化した浄水用高置水槽
室内に設置された劣化した給排水設備配管

図15.17.1　改修前の建物の給排水衛生設備*17

*17――地下には老朽化した蓄熱槽、屋上のペントハウスの上には、老朽化した上水用高置水槽が設置されていた。トイレ等の機器類も陳腐化し、給排水設備配管の内部も劣化していた。建物も含め、給排水設備もリニューアルする時期であった。

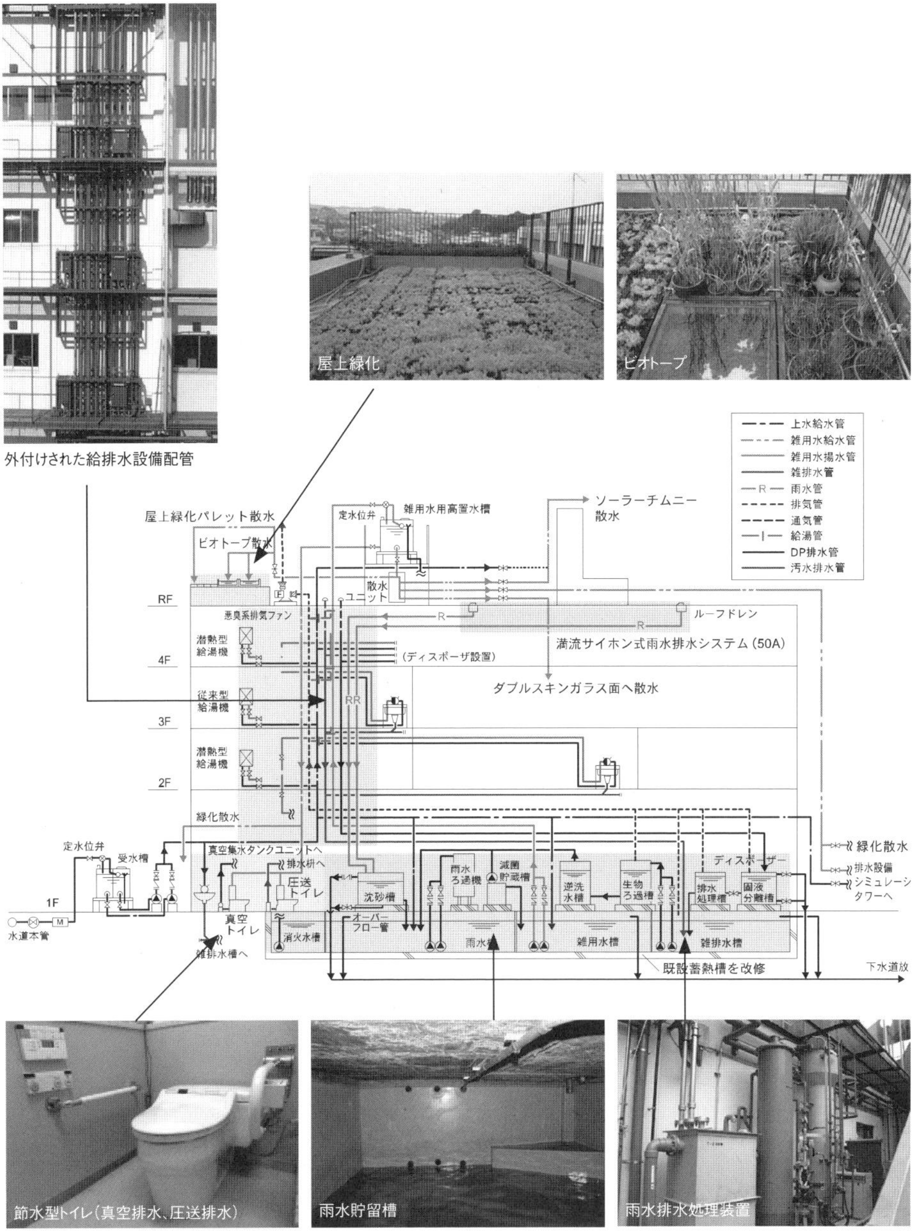

図15.17.2　改修後の総合的な雨水・排水循環システム*18

*18——地下の蓄熱槽を雨水槽、雑用水槽などに、また、屋上にあった上水用高置水槽は雑用水用に活用した。上水の給水方式は、高置水槽方式から高置水槽を持たない圧力水槽方式に変更し、同時にトイレ洗面所等の機器類も節水型、節湯型に変更した。雑用水はトイレ洗浄水、散水、ビオトープの水に利用した。また、屋上には緑化を施し小規模なビオトープを設置した。建物内で発生する生ごみはディスポーザ排水処理システムで処理できるように計画した。

参考文献

・平成20年版日本の水資源、国土交通省土地・水資源局水資源部、2008
・水噴霧による半屋外駅舎の温熱環境改善に関する研究――水噴霧による冷却性能と温熱快適性の検討、内山聖士、鈴木康司、飯嶋和明、辻本誠、辻本昭一、小泉弥貴也、環境工学総合シンポジウム講演論文集、2008
・日本のウォーターフットプリントの7%は非持続的な水源?!、沖大幹、花崎直太、東京大学生産技術研究所、2008
・国土交通省山形河川国道事務所HP
・打ち水大作戦本部HP
・平成25年版日本の水資源、国土交通省水管理・国土保全局水資源部、2013
・初学者の建築講座　建築設備（第2版）、大塚雅之、市ヶ谷出版、2006
・給排水衛生設備計画設計の実務の知識（改訂3版）、空気調和・衛生工学会編、オーム社、2010
・空気調和・衛生工学便覧（第14版）給排水衛生設備編、空気調和・衛生工学会、空気調和・衛生工学会、2010
・空気調和・衛生工学会大会学術講演論文集:節湯型水栓の物理的特性と使用感に関する研究（第1報）――シャワーヘッドの吐水力計測および最適流量に関する被験者実験、村上雄飛、他、空気調和・衛生工学会、2013
・調査研究報告　超高層建築物の供給実態と市場について、中山健志、2012
・都市・建築におけるエネルギー、水資源、廃棄物の循環型システム、環境負荷低減のための技術開発　環境共生技術フロンティアセンターの環境・設備計画とその実証、関東学院大学

Part 4

電気安全環境をデザインする

16

電気安全の要素技術

近年の高度情報化・電力化に伴い、我々は電気の恩恵に浴しています。建築物における電気設備が目指す理念は、安全性、利便性、快適性及び環境性の向上を高度に実現することです。この理念を長期にわたって実行するためには、電気安全システムを整備する必要があります。

電気設備技術基準省令第4条では、保安原則として「電気設備は感電、火災、その他人体に危害を及ぼし又は物件に損傷を与える恐れがないように施設しなければならない」という条文で電気設備における感電、火災等の防止を規定しています。

電気設備の保護として、「感電保護」「過電流保護」「過電圧保護」の三つの要素があります。

現在は、これらは交流低圧電気設備(わが国では600V以下、IEC[*1]では1000V以下)を対象としています。しかし、今後は直流低圧電気設備(わが国では750V以下、IECでは1500V以下)の電気安全の3要素も対象として検討を開始する必要があります。

*1──IEC : International Electrotechnical Commission、国際電気標準会議

電気安全の3要素

感電保護

感電保護は、人体を通過する電流による感電を防止するためのもので、昭和初期までは接地工事のみで行われていました。それは低圧電路において、系統接地のB種接地工事に対してA種、C種、D種接地工事を行うことで基本的な感電保護対策が講じられてきました。**表16.1**に、電技解釈第

表16.1 接地工事による接地抵抗値（電技解釈第17条）

接地工事の種類	接地抵抗値	接地工事の適用	接地線の太さ（軟銅線）
A種	10Ω以下	高圧用または特別高圧用の鉄台および金属製外箱	直径2.6mm以上
B種	$\dfrac{\text{電圧}^{*}〔\mathrm{V}〕}{1\text{線地絡電流}〔\mathrm{A}〕}$ Ω以下 *150，300，600V		直径4.0mm以上
C種	10Ω以下 （電路に地気を生じた場合に0.5秒以内に自動的に電路を遮断する装置を施設するときは500Ω以下）	300Vを超える低圧用の鉄台および金属製外箱	直径1.6mm以上
D種	100Ω以下 （電路に地気を生じた場合に0.5秒以内に自動的に電路を遮断する装置を施設するときは500Ω以下）	300V以下の低圧用の鉄台および金属製外箱	

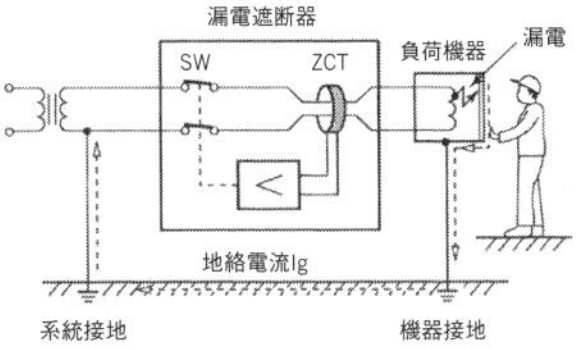

図16.1 漏電事故の想定図

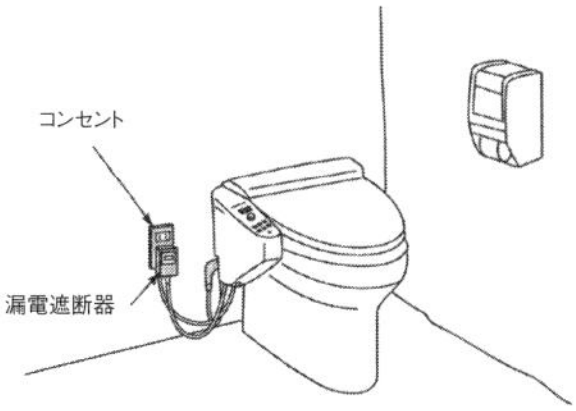

図16.2 トイレの中の漏電遮断器

17条で規定されている接地工事の種類を示します。

欧州において発明された漏電遮断器は1965年代にわが国に導入されて以来、感電保護対策としての漏電遮断器の有用性が認識され、感電保護に必要不可欠な装置として現在に至っています[図16.1]。

漏電遮断器は感電ばかりでなく、漏電火災防止対策にも大きく寄与しています。たとえば住宅分電盤の中に組み込まれており、一般住宅では定格感度電流が30mA、動作時間0.1秒以内のものが使われており、トイレの温水便座用としてはプラグ一体型の漏電遮断器[図16.2]でそれは15mA、0.1秒のものが使われています。

感電保護の指標としての感電電流については後述することにしますが、電流ではなく電圧で評価した方が便利な場合もあります。この電圧は許容接触電圧といい、IECの規格では交流50Vです。この値は時間に無関係に連続的に人が接触していても安全な電圧です。

低圧電路の配線における感電、火災の防止として絶縁性能があります。電技省令第58条では、必要な絶縁抵抗値が規定されています。それを**表16.2**に示します。電力会社関連や保安協会等には4年に一度、住宅における電路の絶縁抵抗測定の義務があります。主に住宅分電盤のところで絶縁抵抗計（メガー）で測定しますが、留守の場合は電力量計のところで漏れ電流を測定して、1mA以下であれば等価で

表16.2　低圧電路の絶縁抵抗（電技省令第58条）

電路の使用電圧の区分		絶縁抵抗値
300V 以下	対地電圧（接地式電路においては電線と大地との間の電圧，非接地式電路においては電線間の電圧をいう。以下同じ。）が150V以下の場合	0.1MΩ
	その他の場合	0.2MΩ
300V を超えるもの		0.4MΩ

表16.3　配線用遮断器の特性（電技解釈第33条）

定格電流の区分	動作時間（分）の限度	
	定格電流1.25倍の電流を通じた場合	定格電流の2倍の電流を通じた場合
30A以下	60	2
30A超過　50A以下	60	4

（以下略）

あるという判断で絶縁を確認しています。

過電流保護

過電流保護は、電線やコード等の短絡や過負荷による過電流を防止するためのもので、特に火災防止対策として原理的にはヒューズで行われてきました。現在はヒューズに替わるノーヒューズブレーカとして過電流遮断器が開発され、火災防止対策にも大きく寄与しています。

電技解釈第33条では低圧電路に設置する過電流遮断器の性能等を規定しており、過電流が流れたときの動作時間（分）を**表16.3**のように定めています。

過電圧保護

過電圧保護は、高圧を低圧に変成する変圧器設備に地絡故障が発生したときに低圧側で過電圧が発生するため、人体や低圧機器を保護するための対策です。さらに、特に雷に起因する雷過電圧から過電圧耐性の小さいエレクトロニクス機器の損傷を防護するための技術も含まれており、サージ防護デバイス（SPD*2）で保護が行われています。現段階では、雷過電圧保護に関して電技では規定されていませんが、自主的保安の見地から内線規程で規定されています。

内線規程では、SPDの仕様を**表16.4**のように規定しています。これは住宅用分電盤に組み込まれているSPDの定格値

*2――Surge Protection Devices

表16.4　SPDの仕様（内線規程）

項目	仕様
公称放電電流（In）	2.5kA（8/20μs）以上
最大放電電流（Imax）	5kA（8/20μs）以上
電圧防護レベル（Up）	1,500V以下（対地間）
最大連続使用電圧（Uc）	AC110/220V
不動作電圧（対地間）	AC300V

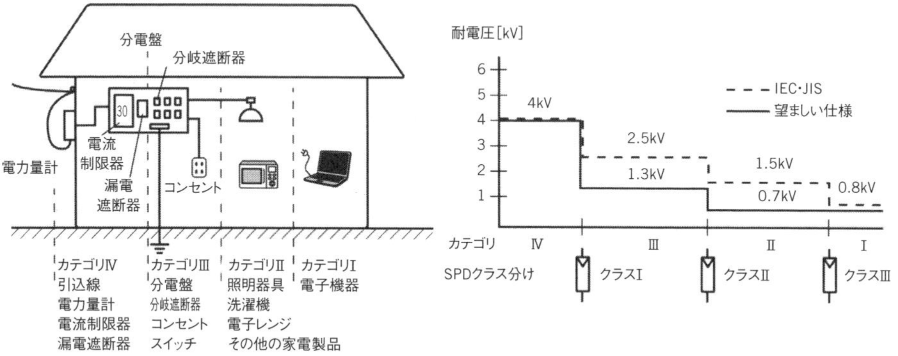

図16.3　住宅内の雷過電圧カテゴリの分類

の一部です。

雷サージは架空電力線を伝搬して住宅内に侵入しますが、住宅内の位置による雷電磁環境を**図16.3**に示すように四つのカテゴリに分類しています。

家電機器を雷過電圧から保護するためにはSPDを設置して、カテゴリで分類している機器にかかる雷過電圧からエレクトロニクス機器を守るSPDを機器の耐電圧よりも低くする必要があります。そこで同図に示すような耐電圧が規格化されています。

同図では、各カテゴリにおけるIEC・JIS規格と設計の際に用いる望ましい電圧仕様、それぞれのカテゴリにおいて使用するSPDの仕様を示しています。

感電のメカニズム

生体の心臓は、**図16.4**に示すような波形の電気信号を自身で発生させています。同図はその基本形です。P波は心房の収縮によるもので、Q→R→S→T群の波形は心室の動作によるものです。これらのP、R、Tの波頭をもつ信号により、心筋の弛緩や収縮が行われ、心臓は周期約0.7秒で規則正しく働き、血液を体内に循環させています。

ところが、外部から体内にある大きさの電流が流れると、心

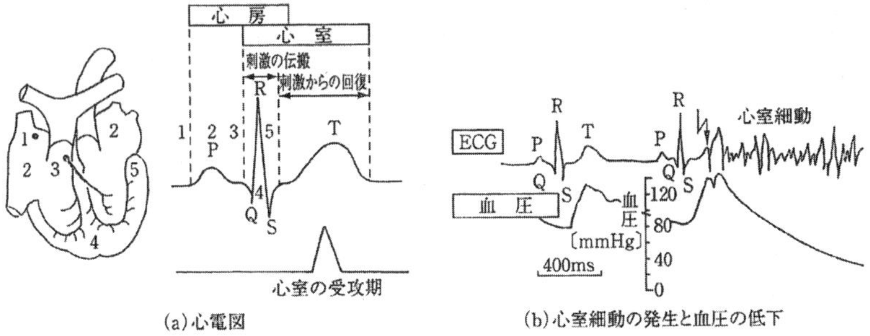

図16.4　心電図と心室細動の様相

臓から発生する信号を乱して規則正しいポンプ作用を営むことが不可能になってきます。この状態を「感電した」といいます。すなわち、心筋のコントロール信号を乱し、正しい心筋が行われず、その代わりに心筋の振動が発生します。この振動を心室細動といいます。この結果、心臓のポンプ機能が満足に働かなくなり、体内の細胞への血液供給が停止します。つまり、同図の心電図において、T波の最初の部分に心室の受攻期というものがあり、ある種以上の電流によって心室細動を起こす範囲があります。このタイミングに心室細動が発生すると、同図に示したように血圧の低下が起きるわけです。

一般に感電による死亡事故はこの心室細動が原因であるといわれています。それでは、心室細動を生じさせる原因は何なのか？　これはなかなかの難問です。第一に人体実験ができません。そこで、感電現象の研究は種々の動物を用いて行われてきました。その結果、要因としては人体通過電流の大きさと人体通過時間であることが明らかになっています。

感電電流の安全限界曲線

IECの中に組織されているTC64では、1969年以来今日まで建築電気設備に関わる様々な内容について審議しています。特に、感電保護対策の基本資料として、"人体を通過する電流の影響"と題した刊行物をIEC Publ.60479として、

1974年に出版しています。

交流における感電電流

感電電流を評価するには、(a)人体を通過する電流の大きさ、(b)通過する時間、(c)通過する電流経路、(d)直流、交流の区別、(e)周波数及び波形、(f)接触電圧、(g)皮膚の乾燥状態、など様々な項目があります。

感電して外部から体内に電流が流れこんでも、その値が小さければ、単なる刺激と感じるだけです。この程度の範囲の電流を感知電流*3といいます。人体の通過電流の値が大きくなると、手足の筋肉の収縮けいれんを起こして、自分の力でこの状態から逃げることができなくなります。この範囲の電流を不随意電流または離脱限界電流*4といいます。さらに、電流が大きくなると心室細動が起きます。このときの電流を心室細動電流*5といいます。

*3——感知電流:指先が"ピリッ""ちくちく"と感じる電流。0.5～2mAの範囲。

*4——離脱限界電流:指先が"ビリビリ""じくじく"と感じる電流。苦痛を伴い、自分の意志で手を放せなくなります。10～15mAの範囲。

*5——心室細動電流:感電死する電流。

IEC60479では、**図16.5**のように交流(15～100Hz)における感電電流の安全限界曲線を規定しています。図中の領域による生理的影響もあわせて示します。

直流における感電電流

今までは直流の用途が少なかったため、直流の分野における感電はあまり一般的ではありませんでした。しかし、近年は次章で述べるように、直流化が話題になっています。直流には

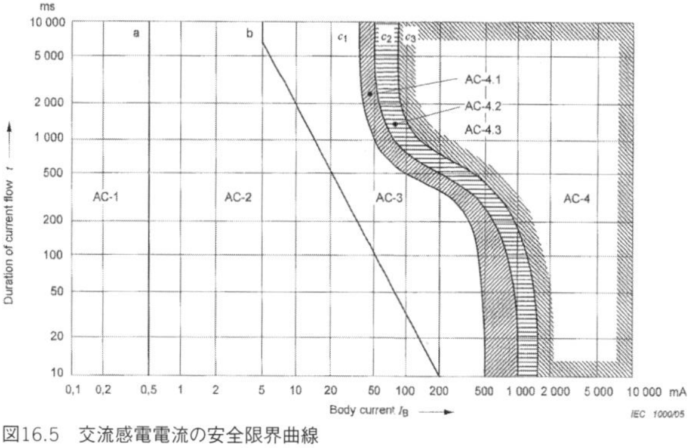

区　域	生理学的影響
AC-1	通常，反応なし．
AC-2	通常，有害な生理学的影響なし．
AC-3	通常，器官組織の損傷は予想されない．筋肉収縮及び呼吸困難，心室細動を起こさない程度の瞬間的心拍停止及び心室細動を含む，心臓の刺激生成及び刺激伝導の回復可能な障害のおそれが電流値と時間につれて増加する．
AC-4	AC-3の影響のほか，心室細動の可能性が約5%以下（カーブ：c_2），約50%以下（カーブ：c_3），又，カーブ：c_3を超えると50%超過に増加する．電流値と時間の増加に従って，心拍停止，呼吸停止及び重火傷などの病態生理学的影響が起きる可能性がある．

図16.5　交流感電電流の安全限界曲線

プラスとマイナスの常時単一方向性の極性が存在するため、直流の感電電流を評価するための独特の用語[*6]があります。それらを欄外に示します。さらに、いき値があります。それを次に示します。

*6——用語の定義
上向き電流:両足が正極となる人体を通過する電流。
下向き電流:両足が負極になる人体を通過する電流。
縦方向電流:片手から両足へ流れる電流。
横方向電流:手から手へ流れる電流。

人体に直流が流れたとき、接触面積、接触の状態(温度、湿度、圧力)、通電継続時間などのパラメータ及び個人の生理学的特性に依存しますが、知覚のいき値のレベルは電流の投入時と遮断時にだけ反応があり、通電中は何の感覚もありません。この反応とは針で刺されたような痛みであり、いき値は約2mAです。

それ以上の電流になると、筋肉の痛み、けいれん性の収縮を引き起こし、さらに大きくすると心室細動の危険が生じますが、これは一般的に縦方向電流に依存します。電流が大きい場合は、横方向電流でも心室細動が起こります。

動物実験によると、下向き電流による細動のいき値は、上向き電流の場合の約2倍高いことを示しています。

心臓周期より長い通電継続期間では、直流による細動のいき値は交流の場合より数倍高くなります。200msより短い継続時間では、心室細動のいき値は、実効値で測定した交流の場合とほとんど同じです。

前述の交流と同様に、IEC60479に規定されている人間の縦方向に上向き電流が流された場合の感電電流の安全限界曲線を**図16.6**に示します。図中の領域における生理的な影響もあわせて示します。

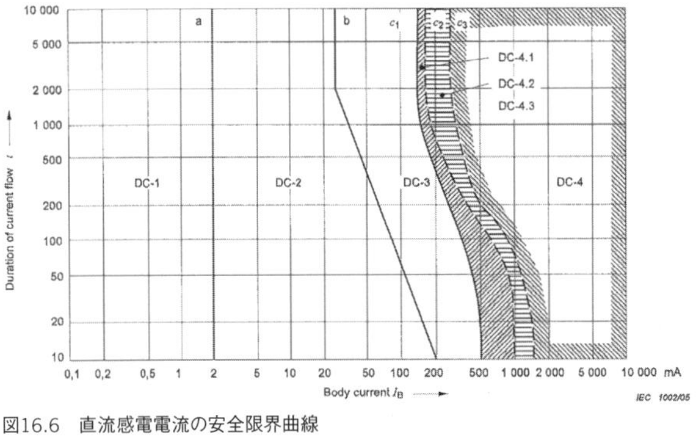

区　域	生理学的影響
DC-1	通常，反応なし．
DC-2	通常，有害な生理学的影響なし．
DC-3	通常，器官組織の損傷は予想されない．電流値と時間の増加に従い，心臓の刺激生成及び刺激伝達の回復可能な障害の起きるおそれがある．
DC-4	心室細動が起きるおそれがある．DC-3 の影響のほか，電流値と時間の増加に従い，その他の病態生理学的影響，例えば重火傷などが予想される．

図16.6　直流感電電流の安全限界曲線

表16.5　異なる電流経路に対する心臓電流係数

電流経路	心臓電流係数F
左手から左足，右足または両足へ	1.0
両手から両足へ	1.0
左手から右手へ	0.4
右手から左足，右足または両足へ	0.8
背中から右手へ	0.3
背中から左手へ	0.7
胸から右手へ	1.3
胸から左手へ	1.5
尻から左手，右手または両手へ	0.7
左足から右足へ	0.04

心臓電流係数の適用

感電電流の経路は各種多様にあり、それを具体化するために心臓電流係数Fを用いて感電電流を見きわめることができます。左手から両足への電流Irefと心室細動の発生の危険が同じ程度となるIhの関係は次式となります。

$$Ih = \frac{Iref}{F}$$

ここで、Irefは左手から両足以外の経路に対する人体電流です。異なる電流経路における心臓電流係数を**表16.5**に示します。

接地との関わり

感電保護や過電圧保護に密接に関わっているのが接地です。接地は、電気安全保護対策の手段として、漏電遮断器やSPDの機能を十分に発揮させるためのものであり、必要不可欠な技術です。

電気安全保護対策としての感電保護、過電流保護、過電圧保護及び接地をシステム化したものが住宅用分電盤[図16.7]です。住宅用分電盤は、電気安全の砦と形容されることがあります。最近の分電盤は、電気安全の3要素を実現しています。

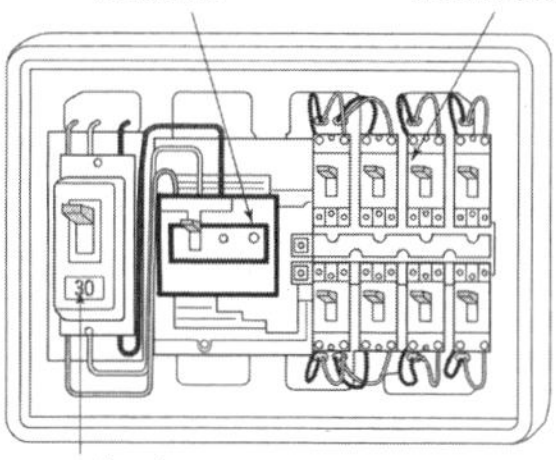

図16.7　分電盤の中身

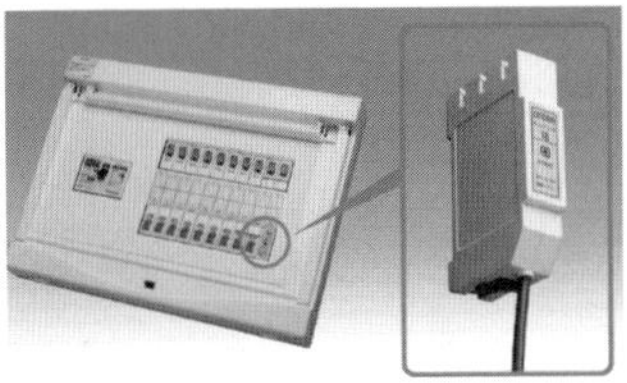

図16.8　住宅用分電盤に組みこまれているSPD

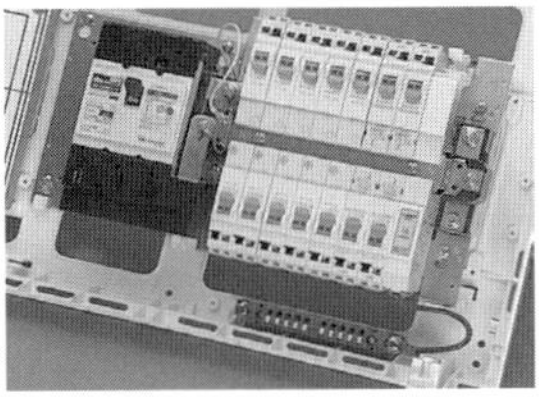

図16.9　住宅用分電盤の中のSPDと集中接地端子

図16.10　配電器具。左:接地極付コンセント。これは右図の11月11日を示す日めくりを想起させる。

雷被害のリスクを回避する手段として、欧米ではSPDを積極的に活用しています。IEC規格でもSPDの設置を義務付けています。

そこで(一社)日本配線システム工業会ではSPDを組みこんだ新しい機能の住宅用分電盤(避雷機能付住宅分電盤)を開発し、市場に出すために工業会規格を策定しました。

これと前後して、(一社)日本電気協会の内線規程(2011年2月改訂)では、SPDを組みこんだ住宅用分電盤に関連して1361節の「雷保護装置」において、SPDの取付け等についての詳細の内容を規定しています。

この住宅用分電盤の外観を**図16.8**に示し、内部構造を**図16.9**に示します。

次世代住宅のインフラストラクチュア[*1]

プロローグ

*1——インフラストラクチュア:infrastructure。生活の基盤を形成するもの。略称としてインフラ。

近年は、太陽光発電、燃料電池等の分散型電源が普及し、それと相まって、次世代の住宅内配電方式として直流配電の実用化に向けた検討が行われています。このような動きにおいて、直流配電における電気安全、特に感電保護に対する未知の問題が潜在化しているため、早急に検討しなければなりません。

さらに、今話題のスマートグリッドについても実用化に向けた検討が各方面で実施されています。このスマートグリッドは次世代送配電システムの一環として研究開発されたもので、各種の電気エネルギーシステムと情報通信システムを融合させ、エネルギーの有効利用率を高めるものです。スマートグリッドは、都市基盤における電気エネルギーを通信システムによって制御するもので、この通信システム網は架空線で構築されているため、雷害のリスクを考慮する必要があります。つまり、雷に起因する過電圧保護に対する未知の問題が潜在化しています。

*2——IEC:International Electrotechnical Commission

これら直流化やスマートグリッド化はIEC[*2](国際電気標準会議)においては、グローバルスタンダード作成に向けて緒についたばかりです。

本稿では次世代におけるこれらの新しい技術に対して、電気安全の観点で検討すべき課題を抽出します。

IECの戦略

IECの2008年のサンパウロ会議に端を発し、2010年のシアトル会議においてIECの標準管理評議会(SMB*3)は、戦略グループ(SG*4)として、省エネルギーと再生可能エネルギーの標準化戦略(SG1)、超々高圧送電技術の標準化戦略(SG2)、スマートグリッド技術の標準化戦略(SG3)、低電圧直流配電システムの標準化戦略(SG4)が組織されました。このSGの中で、次世代住宅に密接に関係するのがSG3及びSG4です。

*3――SMB:Standardization Management Board
*4――SG:Strategic Group

SMBは複数のTC*5(専門委員会)/SC*6(分科会)にまたがる課題、あるいは既存のTC/SCに該当しない新しい課題の検討を推進するために、SGを設置して具体的な推進方法を検討する場です。

*5――TC:Technical Committee
*6――SC:Sub Committee

このSMBの検討を経て、具体的なTC/SCが決定されます。前述のSG3及びSG4の検討は一つのTC/SCで解決できるものではなく、複数のTC/SCにまたがります。つまり、リエゾンのテーマです。最終的にはメインのTC/SCを決定する必要がありますが、IECのパイロット規格を作成するTC64がメインのTCになる予定です。

直流化の動き

IEC/TC64に低電圧直流(LVDC*7)のアドホックワーキンググループが組織され、いよいよ直流化の世界に向けて動き出しました。記念すべき第1回目の作業会は、米国ワシントンD.C.にある米国電機工業会(NEMA*8)のエジソンルームで開催されました。

*7――LVDC:Low Voltage Direct Current
*8――NEMA:National Electrical Manufactures Association

1880年代に歴史上の出来事として、エジソンとテスラの交直送電論争がありました。結果的には長距離送電としての交流方式が有意であることが実証され、今日に至っています。テスラあっての電気事業とまでいわれています。しかし、今、エジソンの世界が再び到来しようとしています。

LVDCのテーマは、IEC内のTCを統括する役割をTC64が担うことになり、TC64の検討範囲が交流1kV、直流1.5kV以下の建築電気設備であることから、今回の直流化の動きは低圧屋内配電に留まるものと考えられます。

そもそも、今、なぜ直流化なのかというと、大義は21世紀の環境問題に関わる省エネルギーだといえます。交流から直流に変換する際の電力ロスは相当量であり、直流化によって、試算では約20%の省エネ効果を発揮するというデータもあります。

*9——AC:交流。Alternating Current

住宅において、部屋にはAC*9アダプターが多種多様にあり、それらが蛸足の状態になっていることがあります。この光景はわが家ばかりでなく、日本、いや世界中で見られます。直流化が進めば、アダプターは不要になり、使い勝手の改善にも寄与するでしょう。

直流でも電圧が低いほど安全であり、電圧が高いほど効率が高いという相反性があるわけで、最適な電圧を検討する必要があると考えられますが、低電圧は6V、12V、14V、48V、中電圧は200〜400Vの範囲であると予想します。

住宅における分散型電源としては、太陽光発電、燃料電池があり、今後は付帯設備として蓄電池が普及するでしょう。

*10——LED:Light Emitting Diode

直流化に対応できる負荷には、低電圧系では現在ACアダプターを用いている機器、照明(LED*10)、テレビ等、中電圧系ではエアコン、冷蔵庫、洗濯機などがあります。厨房機器や採暖機器は直流化のメリットは少なく、現状のままでしょう。

35年ほど前、TC64等において、コンセントなどの交流屋内配電システムのグローバルスタンダードを目指して検討してきましたが、頓挫しました。各国の配電システムの歴史的なインフラを考慮すると当然だったと思われます。

しかし、直流屋内配電システムのグローバル化はゼロからの出発です。直流化に関連するIECのTC/SCを数えると20を超えます。それらが電源、パワエレ、開閉器、遮断器、ケーブル・コード、配線器具等を直流化に対応させるために、各国の業界団体、企業の思惑が顕在化するのは必須だと思われます。直流化がもたらす計り知れない経済効果を考えると当然のことといえます。

スマートグリッド化の動き

2009年、米国オバマ新政権が発足し、オバマ大統領はグリーンニューディール政策の一環としてスマートグリッドを提唱しました。それ以来、世界中でスマートグリッドの実現に向けた検討が行われています。

スマートグリッドとは「賢い電力系統」と日本語に訳されていますが、情報通信技術（ICT[*11]）を活用することにより、温暖化ガス削減のための再生可能エネルギー、つまり分散型電源の導入における電力供給の効率化を目指すことです。

このフレームには従来の原子力、火力、水力等の電力と分散型電源と需要家をICTのネットワークを結ぶことで構築されますが、ネットワークの規模は国家や電気事業者（電力会社）レベルのエリア、市街区のようなローカルなエリア等で構成されます。

本稿では、ローカルなエリアに視点を当ててスマートグリッ

*11——ICT:Information Communication Technology

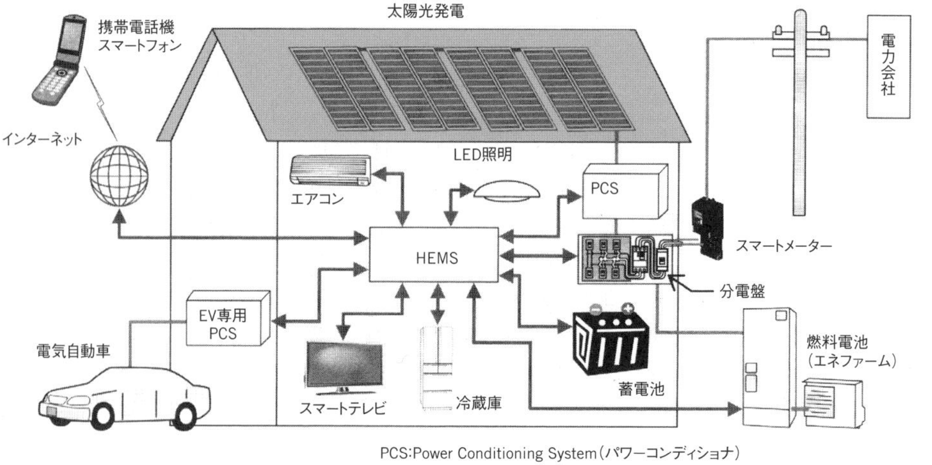

図17.1　スマートハウスの概要

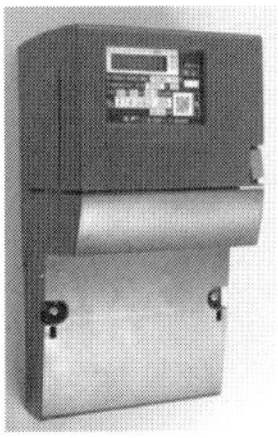

図17.2①　スマートメーター

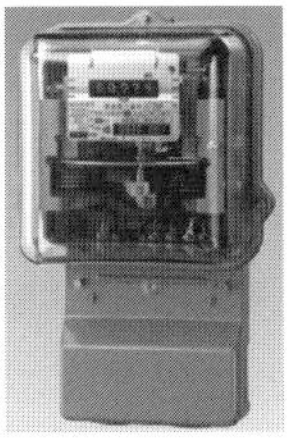

図17.2②　従来の電力量計

ド化について述べます。スマートグリッドの需要家であるスマートハウス[図17.1]のターミナルとなるものがスマートメーター[図17.2①]です。

スマートメータとは、双方向の通信機能を備えたディジタル型の新しい電力量計です。

この電力量計の分野でも、エジソンが登場します。1880年代に直流発電・送電・配電を実用化したエジソンは、住宅で消費される電力量の料金を徴収するためのメータを発明し商業化しました。ワシントンのスミソニアン博物館には第1号のメータが展示されています。その後、前述したようにテスラによる交流発電・送電・配電が実用化され、メータも交流化し、我々の住宅の軒先に付いている電力量計となりました。

さて、住宅におけるスマートグリッドのターミナルであるスマートメータは、スマートハウス内の情報ネットワークにも関係し、ディジタルの機能を十分に活用することで、電力会社に必要な情報はもとより、我々が生活を満喫するための様々な情報を制御することが可能となります。

このスマートメータの双方向通信は、住宅内では屋内配線を利用した電力線搬送通信（PLC*12）を住宅内LANに用いることで伝送されます。

*12——PLC:Power Line Communication

わが国においては、次世代住宅におけるスマートメータの普及対策の一環として、グリーンIT住宅モデルを構築し、住宅用エネルギーマネジメントシステム（HEMS*13）の実証実験が進められており、資源エネルギー庁のエネルギー白書においてもHEMSの役割として、省エネを主体とした、たとえば独居老人の安否確認、遠隔医療システム等の新規の機能を検討しています。

*13——HEMS:Home Energy Management System

分散型電源の出現

分散型電源のアイデア

地球の衛星軌道上に建設される宇宙ステーションには太陽光発電設備と燃料電池設備があり、それらによって電力を賄っています。そもそも、宇宙ステーション計画において、電源を得るための方法として採用されたのが、既存の原理技術である太陽電池と燃料電池でした。

宇宙ステーションは90分間で地球を1周しています。つまり、太陽光に照らされる昼間と、地球の影にかくれて太陽光が当たらない夜間が45分ごとにあります。昼間は太陽光発電で発電し、この電気で水を電気分解して水素と酸素を生成しています。夜間には生成した水素と酸素を用いた燃料電池で発電しています。この発電システムは廃棄物を出さず、効率のよい夢の電源とされていました。これらの電源の実用化は、アポロ宇宙船の電源として用いられて以来、民生用としての実用化に向けた研究が継続され、姿を変えて今日の住宅用の電源として出現しました。これらの電源は分散型電源として位置付けられています。

太陽光発電（Solar Photovoltaic:PV）システム

住宅用太陽光発電システムは、屋根の上などに設置した太陽電池アレイ、屋内外に取り付けたパワーコンディショナ（インバータ、系統連係保護装置等を含む）、これらを接続する配線及び接続箱、さらに交流側に設置する電力量計などで構成されます[図17.3,4]。

太陽電池は、太陽の光エネルギーを電気エネルギーに変換する機能をもつ最小単位である「太陽電池セル」[図17.3]が基本となります。太陽電池モジュールは数十枚の太陽電池セ

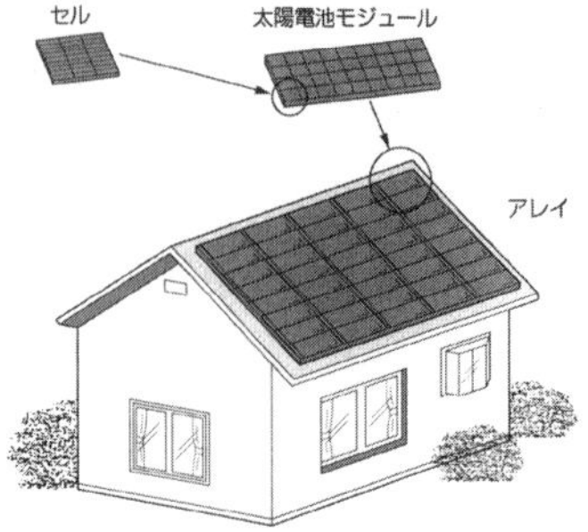

図17.3　太陽電池の構成

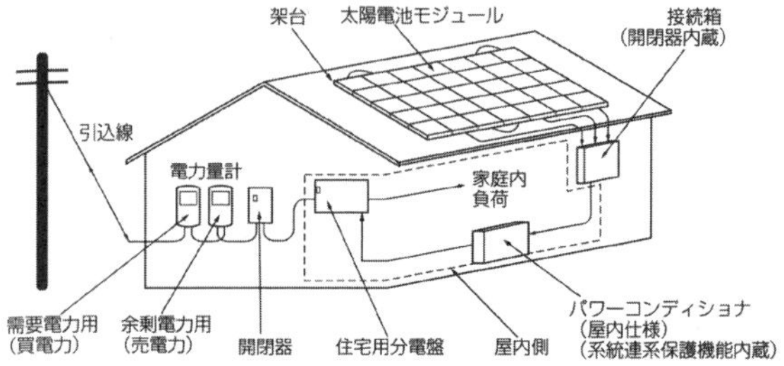

図17.4　太陽光発電システム

ルを耐候性パッケージに納めて構成されています。
太陽電池アレイは、複数枚の太陽電池モジュールを直列、並列に接続して直流電力が得られるように構成されます。
住宅用については直撃雷の確率は低いものの、LEMP[*14]や雷サージによる過電圧保護対策が必要になります。PVシステムからパワーコンディショナを介して分電盤に直流を供給する一連のシステムにおいて、クラスⅡのSPDを取り付け、主接地端子に接地をまとめます。ここで、パワーコンディショナは等電位ボンディング端子に接続します。欧州においては、特にドイツにおいては戸建住宅基礎を接地極として利用することを義務付けているため、主接地端子及び等電位ボンディング端子からの接地線は住宅基礎の接地極に施しています。

*14――LEMP:Lightning Electro Magnetic Pulse

燃料電池(Fuel Cell:FC)システム

住宅用燃料電池システム[*15]は、住宅の軒下などに設置され、ガスを水素に改質し、抽出した水素を用いて発電を行うもので、燃料電池で発電された直流はPVシステムと同様な形態で交流に変換され系統連系形として実用化しています。
燃料電池は発電の際に発生する排熱を回収して温水を供給することができ、いわゆるコージェネレーションシステムとして位置付けられています。
住宅用として普及するであろう固体高分子形燃料電池(PEFC[*16])は、他の燃料電池に比べて動作温度が100℃以下と低いため起動時間が短く、高出力密度で運用できるため小型、軽量化も可能となります。さらに電解質が固体で腐食の心配がないため、安価な材料ができ、低価格化が期待できます。
燃料電池は燃料極、空気極及びその間にはさまれた電解質層で単電池(単セル)を構成し、このセルを多数積層することにより大きな電力を得る仕組みになっています。
発電を行う部分はスタックとよばれ、このスタックは、単セルを数十枚から数百枚積層した集合体で構成されています。

*15――エネファームとして市販されています。この名称は「エネルギー」と「ファーム(農場)」の造語であり、東京ガス、大阪ガス、JX日鉱日石の登録商標です。都市ガス仕様とLPガス仕様があります。

*16――PEFC:Polymer Electrolyte Fuel Cell

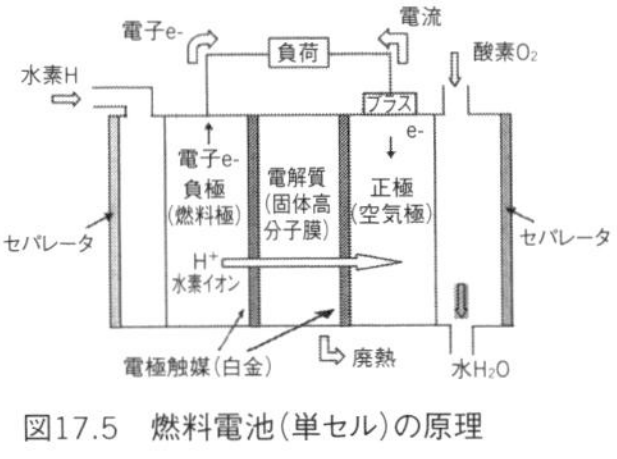

図17.5　燃料電池(単セル)の原理

積層された単セルは電気的に直列に接続されており、スタック上下に取り付けられた集電板から電力(直流)が取り出されます。
この燃料電池は法規的には小出力発電設備に分類され、当然ながら、感電防止のための接地は必要不可欠です。
FCシステムは、わが国では緒についたばかりで、今後、電気安全のための法整備が必要になってくるでしょう。

蓄電池

分散型電源を備えた住宅では、住宅における電力供給と需要のギャップをどのように解決するかが重要な課題です。これを解決するのが蓄電池です。
充放電が可能な二次電池には従前から鉛蓄電池が用いられていますが、住宅用蓄電池としてはリチウムイオン電池が最も有望と考えられています。リチウムイオン電池の充電方法は定電流定電圧充電方式が用いられており、この方式によると、まず定電流によって所定の上限電圧まで充電を行い、その後、定電圧によって充電します。効率は鉛蓄電池と比較して90%という高い値です[図17.6,7]。
太陽光発電は気象条件に影響されやすいため、出力変動があり、出力変動補償の手段を講じる必要があります。そのため、負荷変動を吸収する機能として蓄電池があります。また、負荷平準化機能としても、蓄電池のメリットがあります。さらに、災害時あるいは停電時及び瞬停対応としても蓄電池が用いられます。燃料電池に対しても、出力変動補償のために蓄電池は不可欠な電力貯蔵システムです。
このように分散型電源に対して必要不可欠な蓄電池ですが、住宅の据え置きリチウム電池には現在のところ法的に解決すべき問題があります。リチウムイオン電池の電解液の溶媒が消防法の危険物第4類に分類されるため、建築基準法において住宅地域での使用可能か否かが曖昧です。その理由は省令制定当時、リチウムイオン電池の適用を想定していなかったためです。法的な整備が必要だと考えられま

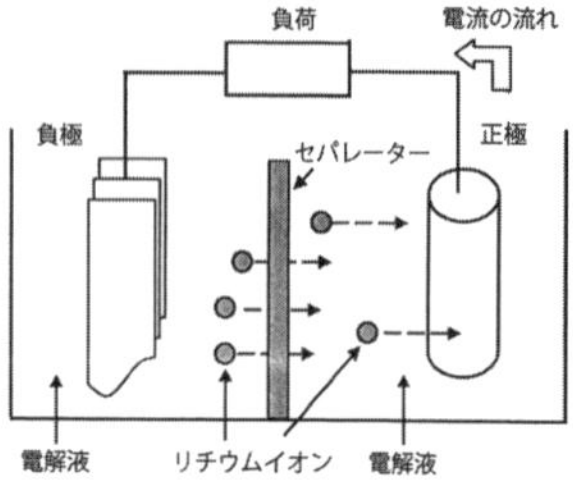

図17.6 充電のイメージ

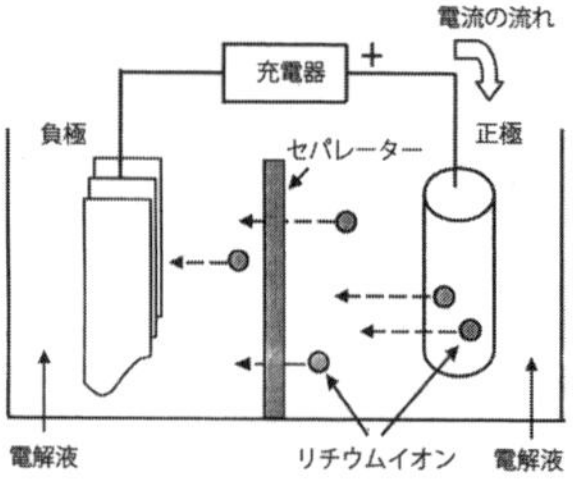

図17.7 放電のイメージ

す。さらに、電気安全対策としては過充電や短絡による発火事故対策が必要です。

屋内配線の接地方式

住宅の直流配線において、2線式の場合は2本の線の極性を合わせる必要があります。一方、3線式の場合は3本の線の極性に留意する必要があります。特徴としては2種類の電圧を得ることができます。2線式と比較すると同じ電力を供給する場合、75%の電線重量で済み、2倍の電圧を得ることができ、電流は1/2で済みます。中性線が欠相した場合、負荷に異常電圧がかかる危険があるため、保護装置が必要になります。

わが国の交流の接地方式と同じTT方式*17を例示してみます。**図17.8**、**図17.9**に示すように、電源の接地側導体は大地へ直接1点接続します。電気機器の露出導電性部分は電源の接地とは無関係に大地へ直接接続します。特徴としては、電源と露出導電性部分のその間の電位差が大きくなると、機器の破損や異常動作を起こす恐れがあります。

*17——TTシステム:わが国の配電線路の接地方式で、最初のTは電源(変圧器)の接地(フランス語のTerre)、次のTは機器の接地で、この形態をTT方式(システム)といいます。

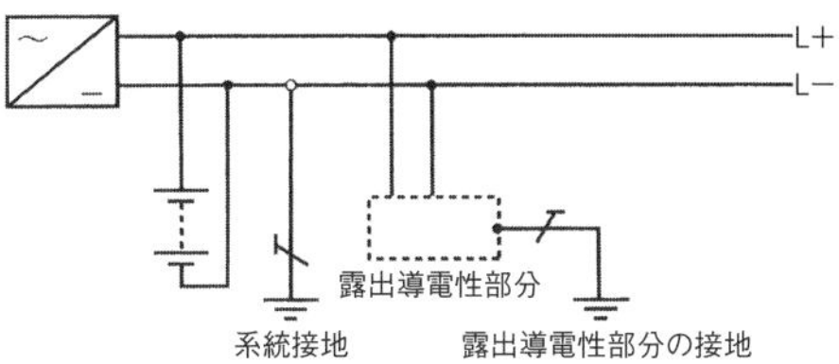

図17.8　TT方式による直流2線式配線

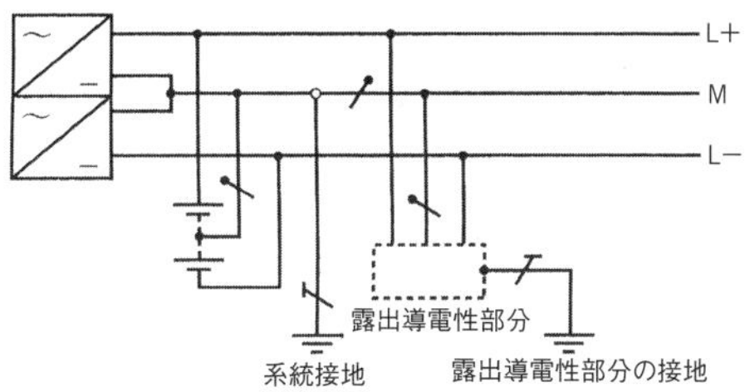

図17.9　TT方式による直流3線式配線

情報通信ネットワークの脆弱性

情報通信技術(ICT)は、この十数年で飛躍的な進歩を遂げました。わが国ではIT基本法に基づく「e-Japan重点計画」が推進され、電子政府の本格的な稼働が近づいています。

これは国の行政機関を結ぶネットワーク、地方公共団体を結ぶネットワークなどの高度情報通信ネットワークをインターネットで構築しようとするものです。さらに、ディジタル放送サービス、情報家電ネットワークサービスも、いろいろ検討されています。電子政府も情報家電インターネットも夢のような世界であり、それらの実現を楽しみにしている国民もいます。

スマートグリッドにおいては発電所、送配電系統、分散型電源及び需要家をICTによってネットワークが構築されます。これらのネットワークは架空線の場合は金属導体ケーブルや光ケーブル、あるいは無線が情報通信の媒体になります。さらに需要家（住宅）内では電力線搬送技術（PLC）によって情報通信信号が伝達されます。このように情報通信ネットワークが、わが国のエリアにおいて無線基地局を経由して網の目になろうとしています。

大規模なネットワークにおいては、無線による情報通信が主体となります。NTTの電話局、携帯電話の基地局などは直撃雷によって大きな被害を被っています。当然ながら、雷保護対策は十分に施しているにも関わらず、通信機器等に障害が発生しています。

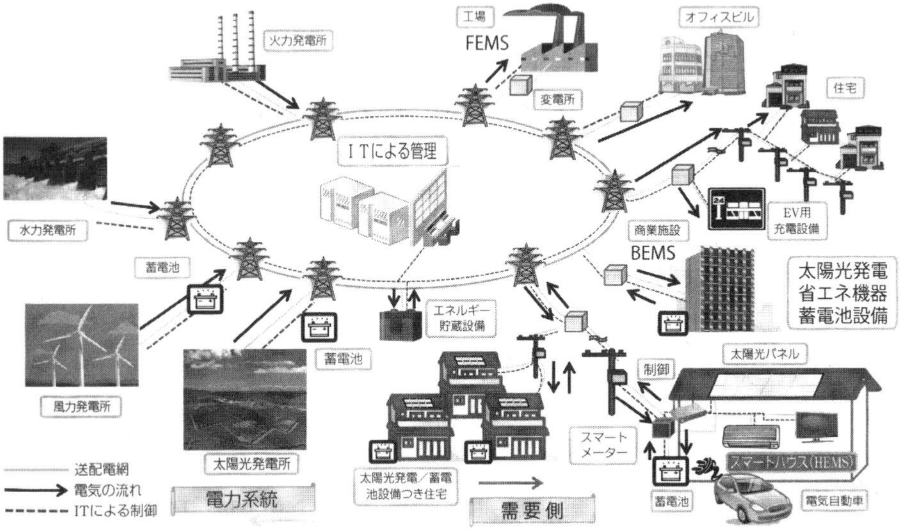

図17.10　スマートグリッドの概念

一方、小規模なネットワークにおいては、有線による情報通信が主体となります。これらは架空線であり、通信線やケーブルには雷サージが伝導し、通信機器に被害を与えます。光ファイバー自体は雷に起因する電磁誘導は発生しませんが、光ファイバーケーブルの中継器などで発生する場合もあります。

このような状況下において、ICTネットワークでは雷に起因する過電圧によって破壊、損傷、誤作動の危険(リスク)が潜在化しています。

図17.11　住宅街の落雷

このリスクを回避するためには、雷電磁インパルス(LEMP)によって生じる電磁界が住宅内に存在する金属製の設備や各種電気・電子・情報機器に及ぼす障害を防止する必要があります[図17.11]。

建築物内に導入されている電子・通信機器などのエレクトロニクス機器は過電圧耐性が小さく、IC*18、LSI*19やマイクロコンピュータ素子の動作電圧・電流が小さいため、LEMPによって素子の破壊、機器の誤作動などの障害が生じます。

*18——IC:集積回路。Integrated Circuit
*19——LSI:大規模集積回路。Large Scale Integrated Circuit

また、関連機器は建築物の内部、外部を有線によってネットワーク化しており、大部分の機器の電源は商用電源から供給されています。このように金属導体で外部とつながりがある場合には、周辺の落雷に起因して生じる雷過電圧の影響により、様々な障害が生じます。つまり、電磁環境、電磁両立性(EMC*20)に密接に関係する技術です。

*20——EMC:Electro Magnetic Compatibility

図17.12に示すように、ICT関連機器は1950年代には真空管が用いられており、電磁的障害はさほど問題になりませ

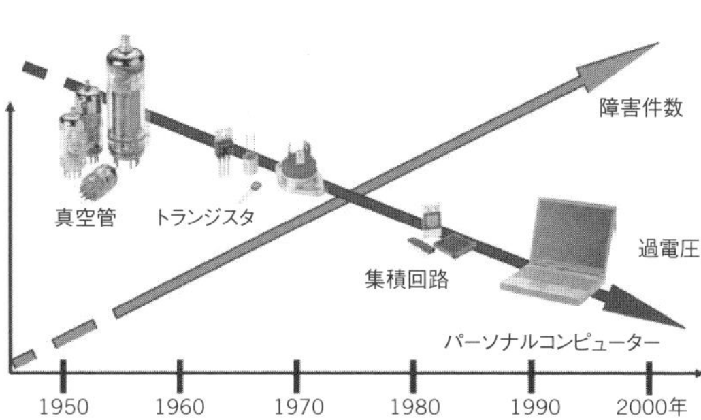

図17.12　エレクトロニクス化と電磁障害の発生

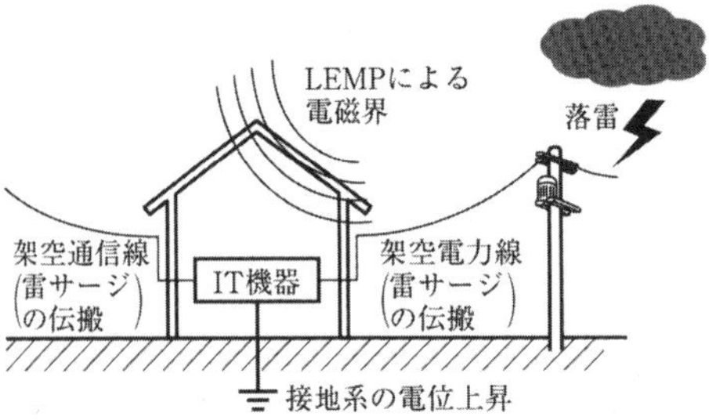

図17.13　住宅の電磁環境

んでした。その後、トランジスタや集積回路のようにエレクトロニクス化され、電磁的障害が多く発生し、まさにEMCの分野の問題になってきています。

落雷に伴い、周辺の架空線に対して電磁誘導により起電力を生じさせ、それが線路を伝搬し建築物にサージとし移行します。また、相反する電荷による静電誘導及び雷雲間での放電によって、電荷の急速な移動を生じさせ、これがサージとして架空線を伝搬します。

雷サージの伝搬経路を図示すると、**図17.13**のようになります。一つの建築物を対象にしたとき、そこには電力線、通信線などの、いわゆる金属導体が引きこまれています。また、建築物内の設備機器には接地が施されています。このような状況において、雷サージはこれらの形態で伝搬されますが、単独ではなく、伝搬の途中で複雑に入りこむ場合が多くなります。

電気安全環境を構築するための課題の抽出

直流化に伴う電気安全

電気安全は交流の世界では体系化が構築されており、十分に対策が機能しています。しかし、直流の世界は、今のところ未知な分野であり、電気安全対策及びその対策に伴う機器、器具、システム等の開発が必要です。

そこで、直流化に伴う電気安全のための課題を抽出してみると、以下のような項目が考えられます。

1. 感電防止対策

・ 人体の電気的特性は交流に比べて、安全サイドにあるといわれているものの、極性による心室細動の発生の危険があります。

・ TT接地方式において、微小な地絡電流の遮断が困難です。そのため、直流専用の漏電遮断器を開発する必要があります。

2. 火災防止対策

・ 接続部における常時アークによる過熱が発生し、火災の危険があります。

・ 常時単一方向性であるため、トラッキング*21防止対策を講じる必要があります。

*21――トラッキング:tracking。汚損された絶縁物の沿面に漏れ電流が流れることで生じるシンチレーションによって、微小な炭素の結晶集団(グラファイト)が成長して電極間の絶縁物表面に炭化導電路が成形される現象。コンセントまたはプラグの極間に溜まったほこりが吸湿しシンチレーションを繰り返し、トラッキングを形成しジュール熱による発熱、発火により火災に至るメカニズムが知られています。

3. 過電流保護対策

・ 過負荷、短絡による過電流の遮断が困難です。また、遮断器等で、電源を切り離す際に生じる放電アークが継続するため、その消弧装置の工夫が必要です。

4. 腐食対策

・ 地絡電流、漏洩電流による接地極の腐食の危険があります。そのため、システムにおける直流循環電流による建築構造体、接地極の腐食の危険があります。

5. 絶縁対策

・ 常時、単一方向性の電磁界による絶縁物の劣化(老化)の危険があります。

6. 配線器具の開発

・ 専用のスイッチ、コンセント器具を開発する必要があります。

・ 直流用と交流用のプラグ、コンセントの誤接続を防止するための形状、施工方法などの工夫が必要です。

・ 極性を区別できる工夫(たとえばプラグの形状)が必要です。

7. 電線・コードの開発

- 極性を区別できる工夫（たとえば電線、コードの色別）が必要です。
- 相導体、線導体、極導体、中性線、中間線、保護導体の識別を規定する必要があります。
- 許容電流、短絡電流における電流容量を明確にする必要があります。

スマートグリッド化に伴う電気安全

スマートグリッドの要である情報通信ネットワークは、雷に対して非常に脆弱です。そのため雷害リスクが増大し、ICT機器の被害を防護する必要があります。

そこで、スマートグリッド化に伴う電気安全のための課題を抽出してみると、以下のような項目が考えられます。

1. 雷過電圧保護対策

- 防護する対象物の保護レベルを設定し、それに対する対策を検討する必要があります。
- 住宅の雷電磁環境において、電力及び通信の過電圧カテゴリによるSPD選定の標準化が必要です。

2. 建築物の計画・設計・施工

- LPZ*22（雷保護領域）のカテゴリを具体化し、LPZ境界における等電位ボンディングの標準化が必要です。
- ICT機器の機能のための等電位ボンディングを建築物の構造体（鉄骨・鉄筋）と共用するか、絶縁するかの判断基準を明確にする必要があります。
- 雷害リスクマネジメントを確立する必要があります。
- コミッショニングの考え方を導入し、リスク回避、リスクマネジメントを考慮した雷保護を実践する必要があります。

3. 接地規程の国家的標準化

- ICTネットワーク機能の要であるICT機器はLSI化され、ますます過電圧耐性が小さくなります。ICT機器には機能用接地はもとより、SPD用接地が必要になります。一方、感電防止のための保安用接地も必要です。建築物には雷保

*22——LPZ:Lightning Protection Zone。雷保護システムを構築するため、対象空間を電磁条件によって分類した保護領域。LPZ 0A、LPZ 0B、LPZ 1及びLPZ 2以降の領域があり、それぞれの領域の定義は以下によります。

雷保護領域の定義

・LPZ 0A　直撃雷にさらされる空間で、全雷電流が流れ、雷による電磁界は減衰していない領域。

・LPZ 0B　直撃雷にはさらされないが、雷による電磁界は減衰していない領域。

・LPZ 1　直撃雷にはさらされず、領域内に流れこむ雷電流はLPZ 0B内より低減しています。この領域に遮へい対策を施せば、雷による電磁界は減衰します。

・LPZ 2以降　電流及び電磁界をさらに減少させる必要のある場合に、これらLPZ 2以降の領域を導入します。

護用接地も必要です。

・接地の規程は、通信分野は総務省、電力分野は経産省、建築物は国交省とそれぞれ独立した省令があります。所轄省庁や事業者が独自のシステムで設計・施工しているため、接地間に電位差が生じ、それが障害の原因となります。そこで、スマートグリッド戦略の一つとして、その信頼性を維持するためには接地の共通化などの対策が必要不可欠です。

エピローグ

直流化やスマートグリッド化の大義は、二酸化炭素の排出削減に伴う省エネあるいは電力供給の効率化と思われますが、インフラ分野における技術革新の目玉としてとらえられることもあります。直流屋内配電やスマートグリッドの実現は世界的に見てもゼロからの出発であり、直流化やスマートグリッド化がもたらす技術革新としてのハード面、ソフト面における経済効果は計り知れません。そのため、メディアはこぞって直流化やスマートグリッド化のメリットを報道しています。
しかしながら、電気安全に関しては全く触れられておらず、技術的情報を共有していない状況にあります。電気安全は直流化やスマートグリッド化に向けた行動計画の二の次かもしれません。されど、一般市民が日常に接する住宅の電気であり、事は人命・財産に関わる問題です。直流化やスマートグリッド化は、電気安全対策が十分に満たされて初めて実現されるべきことです。
筆者は日本代表としてIEC TC64国際会議に参画しIEC規格のドラフトを目にする機会が多くあります。直流化やスマートグリッド化は各国がゼロインフラからスタートしています。幸い、直流化に関しては日本のポテンシャルは非常に高いです。本稿では、電気安全に関する課題を抽出しましたが、山積する課題に対して各国が協力して、一つひとつ解決していけば実現する日はそう遠くないでしょう。

図版出典

図16.8、17.11　写真提供:音羽電機工業
図17.12　写真提供:OBOベターマン社(ドイツ)

参考文献

・IEC60364シリーズ規格
・電気設備技術基準、(一社)日本電気協会、2014
・内線規程、(一社)日本電気協会、2011
・IEC61312シリーズ規格
・情報通信設備の雷過電圧保護基準、P. Hasse著、高橋健彦訳、オーム社、2002
・接地・等電位ボンディング設計の実務知識、高橋健彦著、オーム社、2003
・IEC60479シリーズ規格
・家電機器と雷の危険な関係、新電気、vol.64、No.8、高橋健彦著、オーム社、2010
・IEC SMB関連資料
・IEC TC関連規格
・図解接地システム入門、高橋健彦著、オーム社、2001
・生活家電の基礎と製品技術、(一財)家電製品協会編、NHK出版

執筆リスト

建築学教育研究会　執筆者・担当一覧

遠藤智行《えんどう・ともゆき》

関東学院大学建築・環境学部建築・環境学科准教授
・1 ～ 3章
・4 ～ 7章

大塚雅之《おおつか・まさゆき》

関東学院大学建築・環境学部建築・環境学科教授
・1 ～ 3章
・12 ～ 15章

黒田泰介《くろだ・たいすけ》

関東学院大学建築・環境学部建築・環境学科教授
・まえがき

高橋健彦《たかはし・たけひこ》

関東学院大学建築・環境学部建築・環境学科教授
・16、17章

山口 温《やまぐち・はる》

関東学院大学建築・環境学部建築・環境学科専任講師
・8 ～ 11章

はじめての建築学――建築・環境共生デザイン基礎編
環境《かんきょう》・設備《せつび》から考《かんが》える
建築《けんちく》デザイン

2014年9月10日　第1刷発行

編者
建築学教育研究会

著者
遠藤智行《えんどうともゆき》＋大塚雅之《おおつかまさゆき》＋高橋健彦《たかはしたけひこ》＋山口温《やまぐちはる》

発行者
坪内文生

発行所
鹿島出版会
〒104-0028東京都中央区八重洲2丁目5番14号
電話 03-6202-5200　振替 00160-2-180883

印刷・製本
壮光舎印刷

デザイン
高木達樹（しまうまデザイン）

ISBN978-4-306-03374-0　C3052

本書の内容に関するご意見・ご感想は下記までお寄せください。
URL:http://www.kajima-publishing.co.jp
e-mail:info@kajima-publishing.co.jp